Helmut Heyse

Herausforderung Lehrergesundheit
Handreichungen zur individuellen und schulischen Gesundheitsförderung

W0235875

Klett | Kallmeyer

Bibliografische Information der Deutschen Nationalbibliothek
Die Deutsche Nationalbibliothek verzeichnet diese Publikation in der Deutschen Nationalbibliografie;
detaillierte bibliografische Daten sind im Internet über http://dnb.d-nb.de abrufbar.

Impressum

Helmut Heyse
Herausforderung Lehrergesundheit
Handreichungen zur individuellen und schulischen Gesundheitsförderung

1. Auflage 2011

© 2011. Kallmeyer in Verbindung mit Klett
Friedrich Verlag GmbH
D-30926 Seelze
Alle Rechte vorbehalten.
www.friedrich-verlag.de

Redaktion: Inka Klenke-Paul, Brilon
Illustration: Ulrike Bahl, Hamburg
Satz: sb mediengestaltung Sandra Bialek, Lehrte
Druck: Kessler Druck + Medien GmbH & Co. KG, Bobingen
Printed in Germany

ISBN: 978-3-7800-1092-6

Helmut Heyse

Herausforderung Lehrergesundheit

Handreichungen zur individuellen und
schulischen Gesundheitsförderung

Klett | Kallmeyer

Legende

          Impulstexte

          Hinweis

          Downloadmaterial

Vorwort

Sehr geehrte Leserinnen und Leser,

dieses Buch unterscheidet sich ein wenig von anderen Veröffentlichungen zu diesem Thema. Es ist ein Buch *für* Lehrergesundheit, nicht *über* Lehrergesundheit. Hier erfahren Sie kaum etwas über Belastung und Stress im Lehrerberuf oder über Theorien zum Burn-out. Diese Handreichungen sind auch kein „Therapiebuch", d. h., Sie bekommen keine Ratschläge zur Reduzierung von Stress oder für eine gesündere Lebensführung.

Stattdessen wollen wir, Autor und Verlag, Ihnen Anregungen und Arbeitshilfen an die Hand geben – eben Handreichungen –, mit denen Sie Ihre individuelle berufliche Belastungssituation und gemeinsam mit Ihren Kolleginnen und Kollegen Ihre schulischen Arbeitsbedingungen sorgfältig analysieren können, um daraus Ziele und Maßnahmen für Ihre berufliche und private Gesundheitsförderung abzuleiten.

Nicht selten passiert es, dass man durch ein besonderes Ereignis aus der Routine aufgerüttelt wird, z. B. durch eine gesundheitliche Krise, ein Leistungsversagen, eine Kritik, eine neue Herausforderung und spontan eine radikale Verhaltensänderung beschließt. Erfahrungsgemäß halten solche Vorsätze kaum drei Tage. Es handelt sich dabei meist um wenig durchdachte Lösungsversuche für ein bislang noch unerkanntes Problem, denn die Hintergründe für ein Verhalten, das man abstellen oder ändern möchte, liegen in der Regel nicht offen auf der Hand.

Diese Arbeitshilfen sollen Sie anregen, für sich allein, mit einem kritischen Freund oder zusammen mit Ihrem Kollegium genau hinzuschauen,

▸ wie Ihre IST-Situation aussieht und wie es dazu gekommen ist,
▸ welche Ziele Sie verfolgen wollen und welche Wege Sie gehen können,
▸ welchen „Preis" Sie für eine Veränderung zahlen müssten und ob Sie das wollen; jede Veränderung bedeutet auch Loslassen und Neu-Orientieren,
▸ welche psychischen, materiellen, sozialen, zeitlichen Ressourcen Sie haben oder aktivieren können,
▸ welcher Veränderungsspielraum besteht,
▸ mit welchen Methoden Sie zielorientiert arbeiten können.

Im Teil 1 skizzieren wir ein Strukturmodell für psychische Gesundheit, in dem wir die Hintergründe und Zusammenhänge von Anforderungen, Belastungen und psychischer Beanspruchung anhand des Verhältnisses von KÖNNEN – WOLLEN – SOLLEN betrachten. Es geht des Weiteren um Ansatzpunkte und Zielrichtungen von Maßnahmen, mit denen Gesundheit, Arbeitszufriedenheit und Leistungsfähigkeit von Lehrkräften und Schulleitungen erhalten, gefördert und gegebenenfalls auch wieder hergestellt werden können. Dabei wägen wir ab zwischen Verhaltensmanagement und Verhältnismanagement im Rahmen von Prävention, Förderung von Ressourcen und Möglichkeiten der Intervention. Der Teil endet mit einer Ideenmatrix für individuelle und kollegiale bzw. schulinterne Aktivitäten zur Gesundheitsförderung.

Der Teil 2 bietet Arbeitshilfen, mit denen Sie Ihrer individuellen schulischen Belastungssituation auf die Spur kommen können. Dazu dienen u. a. eine persönliche Bilanz Ihrer Energieräuber und Energiequellen, ein Kurztest Ihrer berufsbezogenen Verhaltensweisen und Emotionen, eine ausführliche Ärgeranalyse, die Reflexion Ihrer Arbeitszufriedenheit und Ihrer Stressauslöser, ein Check Ihrer Risiko-/Schutzfaktoren und Bewältigungsstrategien, Anregungen zur Entspannung sowie einige Möglichkeiten, Ihr Zeitmanagement zu überprüfen. Darüber hinaus gibt es Sachinformationen zum Thema Stress und Stressbewältigung.

In Teil 3 bekommen Sie Anregungen, wie Sie Verhalten und Gewohnheiten nachhaltig verändern können. Arbeitshilfen sollen Sie dabei unterstützen, Ausgangspunkt und Ziel des mühsamen Weges einer Verhaltensänderung genau zu bestimmen. Denn wer nicht weiß, von wo er startet und wo er hin will, wird in die Irre gehen. Wir erläutern, wie Ziele formuliert sein sollten, um die Chance zu erhöhen, Vorsätze auch zu erreichen, und weisen auf motivierende Hilfen hin, die Sie in dem beschwerlichen Prozess ermutigen sollen.

Die Arbeitshilfen finden Sie auch zum Download im Internet unter www.friedrich-verlag.de, damit Sie nicht in das Buch schreiben oder sich eigene Tabellen erstellen bzw. kopieren müssen. Sie sind jeweils mit dem Symbol 🖋 gekennzeichnet.

Allerdings können wir Ihnen für Ihren persönlichen Veränderungsprozess lediglich strukturelle Anhalts- und Ansatzpunkte geben. Jede individuelle Situation verlangt eine „maßgeschneiderte" Intervention. Das inhaltliche Ziel und die Wege der Veränderung müssen Sie schon selbst festlegen. Aber mit den Vorlagen können Sie sich Ihren persönlichen Entwicklungsfahrplan zusammenstellen. Dabei könnte Ihnen auch das Lernarrangement KESS („Kooperative Entwicklungsarbeit zur Stärkung der Selbststeuerung") helfen (siehe Sieland/Heyse 2010), das eine ausführliche Anleitung zur Verhaltensänderung bietet. Im Weiteren steht eine Fülle von Hilfsangeboten in der Literatur und im Internet zur Verfügung, etwa zum Zeitmanagement, zur Stressbewältigung, zur Arbeitsmethodik usw.

Teil 4 ist der kollegialen „Gesundheitsförderung durch Organisationsentwicklung" gewidmet. Sie finden Checklisten und Fragebogen, mit denen Sie für sich allein und zusammen mit Kolleginnen und Kollegen Ihr schulisches Arbeitsfeld in Bezug auf Ressourcen und Hindernisse für eine verantwortliche und gesundheitsdienliche Umsetzung des Bildungs- und Erziehungsauftrags analysieren und verändern können.

Hier sind in besonderem Maß Schulleitungen angesprochen. Der Gesundheitszustand der Lehrerinnen und Lehrer und der nicht-pädagogischen Mitarbeiterinnen und Mitarbeiter an einer Schule hängt natürlich zum einen von deren individuellem Gesundheitsverhalten ab. Aber gleich danach kommen die gesundheitsförderlichen oder gesundheitsfeindlichen Arbeitsbedingungen „vor Ort", zu denen die Schulleitung einerseits selbst zählt und auf die sie – zusammen mit dem Kollegium – großen Gestaltungseinfluss hat. Daher wird hier auch Mitgliedern von Schulleitungen Gelegenheit gegeben, das eigene Führungsverhalten zu reflektieren sowie Ideen aufzugreifen, wie sie die betriebliche Gesundheitsförderung an ihrer Schule zum Positiven verändern können.

Die Arbeitshilfen werden ergänzt durch kurze Texte zur betrieblichen Gesundheitsförderung in der Schule, zur Organisation eines kollegialen Entwicklungsprozesses, zum Umgang mit Widerständen sowie zur Arbeitsweise von Gesundheitszirkeln. Dieser vierte Teil enthält zudem umfangreiche Hinweise für die Suche nach nutzbaren gesundheitsförderlichen schulischen Ressourcen.

In Teil 5 beschreiben wir bekannte Methoden für die Entwicklungsarbeit in Gruppen, besonders zur Sammlung von Ideen und zur Entscheidungsfindung. Das führt über das verbreitete Brainstorming hinaus zu komplexen Fragestellungen wie SOFT-Analyse und Mind-Mapping.

Wir hoffen, diese Handreichungen sind Ihnen eine Hilfe, eine zuverlässige Auskunft über sich selbst und über Ihre schulische Arbeitssituation zu bekommen.

Die meisten der hier zusammengestellten Arbeitshilfen und Texte sind entstanden im Projekt Lehrergesundheit Rheinland-Pfalz, das der Autor – zeitweilig zusammen mit Marlies Vedder – in den Jahren 2001 bis 2004 im Auftrag des Kultusministeriums aufgebaut und geleitet hat (www.add.rlp.de–Lehrergesundheit). Sie werden ergänzt durch Übernahmen oder Modifikationen von anderen Autoren und Quellen, die jeweils gekennzeichnet sind. Sofern wir hierbei etwas übersehen haben, bitten wir um Nachsicht.

1. Gesundheit und Lehrerberuf

Zehn Impulse für Lehrkräfte, etwas für ihre Gesundheit zu tun

1. Kindern und Jugendlichen Kenntnisse zu vermitteln, ihr Lernen zu begleiten, ihr soziales Verhalten zu fördern und ihre persönliche Entwicklung zu unterstützen, macht einen erfüllten Lehrerberuf aus. Dieses tägliche Bemühen ist vielfachen Störungen, Rückschlägen, Widerständen und Beeinträchtigungen ausgesetzt. Woher kommt die psychische Kraft, nicht den Mut zu verlieren und immer wieder neu anzufangen?

2. Schüler lernen für das Leben. Wie erfahren Lehrkräfte, wie gut sie Kinder und Jugendliche auf das Leben vorbereitet haben? Wann erhalten sie Anerkennung und Wertschätzung? Man muss einen starken Glauben an die Selbstwirksamkeit haben, um nicht auszubrennen.

3. Viele Menschen verursachen viel Lärm, junge Menschen besonders, große Klassen oft noch mehr. Schulen und Klassenräume sind nicht Lärm schützend konstruiert und erfordern lautes Sprechen. Das kostet physische und psychische Kraft.

4. Die Arbeitszeit der Lehrerinnen und Lehrer ist nur zum Teil durch Unterricht definiert, die Trennlinie zur Freizeit ist fließend. Es gehört Selbstdisziplin und Zeitmanagement dazu, Arbeit und Privatleben, Erholung und Reflexion der Arbeit gesundheitsförderlich zu organisieren.

5. Menschen, die gemeinsam Schule machen, haben unterschiedliche Vorstellungen davon, wie diese Schule aussehen soll und wie die Menschen darin miteinander umgehen sollten. Auseinandersetzungen und Konflikte sind unvermeidlich. Auch wenn sie produktiv sind, belasten sie. Wie gelingt es, mit Konflikten sozialverträglich umzugehen und immer wieder Kooperation zu wagen?

6. Pädagogische Maßnahmen sind selten eindeutig. Sie werden missverstanden, uminterpretiert, verfälscht. Es verlangt ein stabiles Selbstwertgefühl, sich bei aller notwendigen Selbstreflexion nicht dauernd in Zweifel zu ziehen.

7. Lehrpläne sollen bei der Realisierung des Bildungs- und Erziehungsauftrags helfen. Die Übersetzung in konkretes unterrichtliches

Handeln – auch gegen den Widerstand von Schülerinnen und Schülern – ist tägliche Aufgabe. Wie erhält man sich die Freude daran?

8. Der Bildungs- und Erziehungsauftrag ist offen formuliert; es gibt keinen Punkt der Erledigung und des zufriedenen Zurücklehnens. Mit dem Gefühl, nie fertig zu werden, muss man erstmal fertig werden.

9. Auch für Lehrkräfte gelten die Menschenrechte. Grenzverletzungen von Schülern, Eltern, Kollegen und Vorgesetzten verwunden und machen mürbe. Wie schützt man sich vor Zynismus und seelischer Erschöpfung?

10. Der Lehrerberuf zählt zu den sinnhaftesten und verantwortungsvollsten in der Gesellschaft. Die Arbeitsbedingungen entsprechen dem oft nicht. Überlastung durch Arbeitsmenge und Zeitdruck beeinträchtigen die Arbeitsqualität und das Lebensgefühl. Was tun, um die Berufszufriedenheit zu erhalten?

> Man kann sehr viele sagen hören: vom fünfzigsten Lebensjahr an trete ich kürzer, mit sechzig gehe ich in den Ruhestand .... Schämst du dich nicht, dir nur die Überbleibsel deines Lebens zu reservieren, und allein den Lebensabschnitt für das wahre geistige Leben vorzusehen, der sowieso für nichts anderes mehr zu gebrauchen ist. Es ist ja doch alles verpasst, wenn man erst dann mit dem Leben anfängt, da man es eigentlich schon aufgeben muss. Auf wie törichte Weise vergisst man, dass man sterblich ist, wenn man die vernünftigen Lebensentscheidungen auf das fünfzigste oder sechzigste Lebensjahr verschiebt und das Leben erst in einem Alter beginnen will, das sowieso nur wenige erreichen.
>
> SENECA DER JÜNGERE

Ein Strukturmodell für psychische Gesundheit

Obwohl der Lehrerberuf zu den Tätigkeiten mit der höchsten psychischen Belastung zählt (siehe Schaarschmidt 2005), werden doch nicht alle Lehrkräfte und Schulleitungen gleichermaßen krank. Daher lohnt eine differenzierte Betrachtung des komplexen Feldes „Lehrergesundheit" (Heyse 2008; Paulus 2010).

Es ist nie zu spät, das zu werden, was man hätte sein können.
G. ELIOT

Beanspruchung im Lehrerberuf

Arbeitsmedizin und Arbeitspsychologie unterscheiden bei einer Berufsausbildung bzw. -ausübung drei Kategorien: Anforderungen, Belastungen und Beanspruchung.

Anforderungen

Anforderungen beschreiben Merkmale des Arbeitsauftrages und Arbeitsplatzes sowie die erforderlichen Personenmerkmale für eine qualifizierte und verantwortliche Berufsausübung (DIN 33430).

Diese Anforderungen sind für den Lehrerberuf nicht exakt definiert; sie müssen aus anderen Vorgaben, vor allem aus dem Bildungs- und Erziehungsauftrag (Schulgesetz) abgeleitet werden. Auch die Bremer Erklärung der Kultusministerkonferenz „Aufgaben von Lehrerinnen und Lehrern heute – Fachleute für das Lernen" wäre hier zu nennen (KMK 2000). Die fehlende Arbeitsplatzbeschreibung dürfte mit ein Grund dafür sein, dass Lehrerinnen und Lehrern und der Schule immer neue pädagogische Aufgaben auferlegt werden.

Belastungen

Belastungen bezeichnen beeinträchtigende, erschwerende oder behindernde materielle, soziale oder organisatorische Arbeitsbedingungen, die einer reibungslosen Ausführung des Arbeitsauftrages entgegenstehen (z.B. Oesterreicher und Volpert). In der Schule kann es sich um Erschwernisse handeln, die sich aus allgemeinen Rahmenvorgaben ergeben, wie z.B. Klassengröße, Unterrichtsverpflichtung und Schulorganisation, und einer optimalen Erfüllung der Aufgaben im Wege stehen. Es sind aber auch die Belastungen gemeint, die an einer bestimmten Schule bestehen, z.B. durch die dort anwesenden Personen, deren persönliche Kompetenzen und Beziehungen zueinander. Auch bauliche Gegebenheiten beeinflussen die Arbeitssituation.

Psychische Beanspruchung

Das Konzept der psychischen Beanspruchung trägt der Subjektivität im Erleben Rechnung. Ob bestimmte Ereignisse und Arbeitsbedingungen nämlich als Belastung empfunden werden, hängt ab von der subjektiven Wahrnehmung des Einzelnen und seiner Bewertung der Situation sowie von seinen „überdauernden und augenblicklichen Voraussetzungen einschließlich der individuellen Bewältigungsstrategien" (EN/ISO-Norm 10075-2000).

Hier spielt insbesondere der Vergleich der „überdauernden und augenblicklichen Voraussetzungen" mit den zu bewältigenden Anforderungen und Aufgaben im Verbund mit den situativen Umständen und den Ansprüchen an sich selbst eine ausschlaggebende Rolle. Was die eine Lehrkraft als Bedrohung ihrer Leistungsfähigkeit erlebt und sie an den Rand der Überforderung bringt, wird von einer anderen als interessante Herausforderung betrachtet, die sie animiert, ihre Kompetenzen zu erproben und zu erweitern: Ereignisse werden erst durch subjektive Aspekte zu psychischer Beanspruchung. Daher ist nicht verwunderlich, dass gesundheitsorientierte Maßnahmen in der Schule nicht von allen gleichermaßen angestrebt, für notwendig erachtet oder begrüßt werden.

Die Abgrenzung zwischen Anforderungen und Belastungen ist mitunter schwer zu treffen. Wenn z. B. die Voraussetzungen nicht im erforderlichen Umfang gegeben sind, können auch durchaus „normale" Anforderungen zu individueller Überforderung werden.

Zu den Voraussetzungen im Konzept psychischer Beanspruchung zählen vor allem die fachlichen, methodischen, sozialen Kompetenzen des Einzelnen, sein Wissen, seine psychischen und physischen Ressourcen, körperliche Merkmale usw. sowie seine Selbststeuerung einschließlich der Art und Weise, wie er Stress- und Belastungen bewältigt. Auch der Leistungsanspruch an sich selbst, persönliche Zielsetzungen, das Selbst- und Berufsbild, Erwartungen an eigene berufliche Erfolge und an die Selbstwirksamkeit sind in diesem Zusammenhang zu nennen.

Individuell unterschiedlich sind auch die sogenannten Attribuierungsmuster. Während die einen vorwiegend external attribuieren, d. h., zunächst die „Umstände" oder andere Personen für das Entstehen von Problemen oder Schwierigkeiten und folglich auch für die Lösung verantwortlich machen, suchen andere nach den eigenen Anteilen an der Entstehung, Aufrechterhaltung und Änderung widriger sozialer, materieller oder organisatorischer Arbeitsbedingungen, d. h. sie attribuieren internal („Das kann auch nur mir passieren!"). Weitere Unterschiede bestehen darin, ob diese Faktoren über die Zeit als stabil angesehen werden, z. B. als Persönlichkeitseigenschaften („Ich bin unfähig!"), oder die Ereignisse eher situativ begründet werden mit Zufall („Pech gehabt"), Missverständnis und Ähnlichem.

Es sind nicht die Ereignisse, die uns glücklich oder unglücklich machen, sondern unsere Interpretationen.
SENECA

Voraussetzungen

Psychische Gesundheit –
die Balance von SOLLEN, WOLLEN und KÖNNEN

Die können sollen,
müssen auch
wollen dürfen.
GRAFITTI

Mit dieser Konzeption folgen wir einem sogenannten Anforderungs-Ressourcen-Modell (siehe Becker 2003). Psychische Gesundheit wird darin als lebenslange Entwicklungsaufgabe verstanden. Es gilt, die Balance zwischen dem SOLLEN, d.h. also den sozialen, materiellen, organisatorischen Anforderungen (z.B. dem Arbeitsauftrag) und Belastungen (z.B. Arbeitsbedingungen) im beruflichen, aber auch im privaten Bereich, den persönlichen Zielen und den Ansprüchen an sich selbst (WOLLEN) und den eigenen kognitiven, emotionalen, sozialen und personalen Ressourcen (KÖNNEN) zu regulieren.

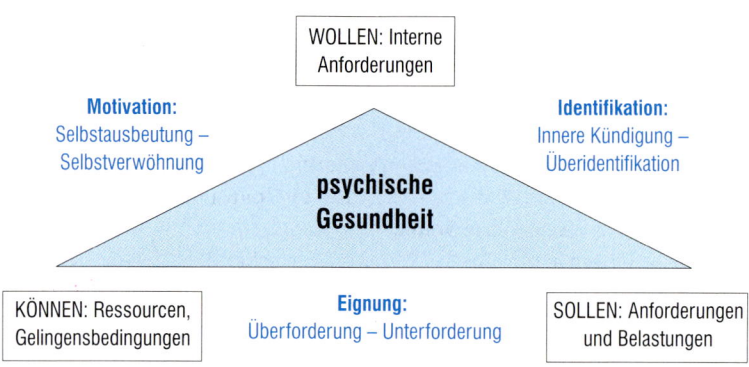

Abb. 1: Psychische Gesundheit zwischen SOLLEN, WOLLEN und KÖNNEN

Zu den Ressourcen, d.h. dem Wissen, den Fähigkeiten und Kompetenzen, rechnen wir hier auch das unter den jeweiligen Umständen durch eigenes Zutun Erreichbare/Bewirkbare (Gelingensbedingungen).

> Für eine langfristig stabile psychische und physische Gesundheit sollte das Verhältnis von SOLLEN, WOLLEN und KÖNNEN ausgeglichen sein. Die Balance muss allerdings immer wieder aktiv hergestellt werden.

Mit diesem Modell kann anschaulich erklärt werden, inwiefern objektiv gleiche Ereignisse, Situationen und Bedingungen Menschen subjektiv sehr unterschiedlich beanspruchen. Zudem lässt sich im Falle von Störungen eingrenzen, worauf die Dysbalance zurückzuführen ist: Kann die Person nicht, was sie soll, oder will sie es nicht? Menschen, die längerfristig diesbezüglich im Ungleichgewicht sind, werden auf die eine oder andere Art Probleme mit sich selbst, ihrem Umfeld und letztlich mit ihrem psychosomatischen Gesundheitszustand bekommen.

Zum Verhältnis von SOLLEN und KÖNNEN

Eine Passung von SOLLEN und KÖNNEN wird gemeinhin als „Eignung" bezeichnet; sie bildet einen Grundpfeiler der psychischen Gesundheit. Diese ist in Gefahr, wenn ein Missverhältnis besteht zwischen dem, was einer kann, und dem, was er soll, mit Folgen auch für das Arbeitsergebnis und die davon Betroffenen. Mehrere Konstellationen können dazu führen.

Überforderung

Ein geringfügiges Übergewicht der Anforderungen gegenüber den Ressourcen kann als Ansporn zur persönlichen Weiterentwicklung gelten. Riskant ist jedoch eine gravierende, dauerhafte Überforderung mit gerade Lehrkräften bekannten kurz- und langfristigen Folgewirkungen wie Angst, Unsicherheit, Selbstzweifel, Vermeidung.

Überforderung kann das Ergebnis unzureichender Eingangsvoraussetzungen für die Tätigkeit als Lehrkraft oder Schulleitung sein. Dazu kann es u. a. kommen, wenn die erforderlichen Personenmerkmale bei der Einstellung oder Ernennung nicht adäquat überprüft wurden und ihr Fehlen erst in der Praxis bemerkt wird – oder dass die Breite der fachlichen und personalen Anforderungen und Belastungen des Lehrerberufs nicht hinreichend bekannt war und nur eine partielle Eignung vorliegt.

Eine Diskrepanz zwischen SOLLEN und KÖNNEN wird auch entstehen, wenn die persönliche Kompetenzentwicklung nicht Schritt hält mit dem Wandel und den Veränderungen im beruflichen Feld.

Aber selbst bei grundsätzlicher Eignung werden Menschen durch drastisch erhöhte oder schleichend zunehmende quantitative und qualitative Anforderungen oder durch kontraproduktive Belastungen am Arbeitsplatz überfordert, wenn die Beanspruchung das verkraftbare Maß übersteigt und dem Berufsausübenden keine ausreichende Chance gegeben wird, sich anzupassen.

Unterforderung

Unterforderung durch Überqualifizierung oder Fehlqualifizierung stellt für Lehrkräfte nur selten eine Gefahr für die psychische Gesundheit dar, sofern sie diese durch selbst gewählte Herausforderungen in anderen Feldern (wie etwa Politik, Verband, soziales Engagement usw.) ausgleichen können.

Eignung allein ist jedoch für ein gesundheitsdienliches und befriedigendes Arbeitsverhältnis nicht ausreichend; es müssen auch Motivation für die Tätigkeit und Identifikation mit dem beruflichen Auftrag hinzu kommen, was auf einem zum KÖNNEN und SOLLEN passenden WOLLEN beruht.

Zum Verhältnis von KÖNNEN und WOLLEN

Die Passung von beruflichen Zielen, eigenen Qualitätsvorstellungen und Anspruchssetzungen sowie der Anstrengungsbereitschaft auf der einen Seite mit den Fähigkeiten und Gelingensbedingungen andererseits betrifft Aspekte von Motivation: Will jemand, was er kann, und kann er, was er will? Im positiven Fall erlebt er dies als Befriedigung und Selbstwirksamkeit, d. h. er macht die Erfahrung, dass sein Bemühen zu erwünschten Ergebnissen führt, was wiederum seine Motivation anfeuert.

Auch hier lassen sich zwei Konstellationen ausmachen, die zu Risiken in Bezug auf Gesundheit, Arbeitszufriedenheit und Leistungsfähigkeit führen:

Selbstüberforderung oder Selbstausbeutung

Jemand überfordert sich selbst, wenn er ständig wesentlich mehr erreichen will, als er aufgrund seiner Fähigkeiten oder angesichts der jeweils gegebenen Verhältnisse zu bewirken imstande ist. Sofern er mit einer solchen Diskrepanz konstruktiv-offensiv umgehen kann und sie als Herausforderung betrachtet, könnte sie Antrieb für eine kontinuierliche Weiterentwicklung der Kompetenzen sein. Gleichwohl bestehen körperliche und/oder psychische Gesundheitsrisiken, insbesondere, wenn übertriebener Ehrgeiz, Konkurrenz und Leistungsdruck im Spiel sind und die eigenen Grenzen nicht beachtet werden.

Wenn das Nicht-Erreichen unrealistischer Ziele und der Mangel an Erfolgserlebnissen jedoch als persönliches Versagen erlebt werden oder die Person sich an den nicht zu verändernden „Umständen" aufreibt und daran verzweifelt, aber trotz der immer wieder erfahrenen Misserfolge ihre Ansprüche nicht reduziert, verschleißt sie sich auf Dauer selbst. Insbesondere bei sozialen Berufen besteht die Gefahr der Selbstausbeutung zugunsten anderer Menschen. Ständige Enttäuschungen und Erfahrun-

Der Mensch sagt, und ist stolz darauf:
„Ich geh in meinen Pflichten auf."
Doch bald ist er nicht mehr so munter und geht in seinen Pflichten unter.
E. ROTH

gen von Misserfolg und Unzulänglichkeit mindern Zufriedenheit, Erfüllung und Wohlbefinden und können zu Berufsmüdigkeit und „Burn-out" führen, d. h. dem Verdruss an seiner beruflichen Tätigkeit.

Selbstverwöhnung oder Schonung

Das Gegenteil von Selbstüberforderung stellt die Selbstverwöhnung dar. Ihr kann eine auf Schonung und Minimalismus bedachte Grundeinstellung gegenüber Anstrengung und Leistung zugrunde liegen – als Ergebnis entsprechender Erfahrungen oder Sozialisation: Jemand könnte eigentlich mehr leisten als er möchte, hatte es aber nie nötig, sich für Erfolg und Anerkennung besonders ins Zeug zu legen. Vielleicht identifiziert sich der Betreffende aber auch nicht ausreichend mit seinem Beruf und seinen Aufgaben. Sofern diese Anstrengungsvermeidung keine Konsequenzen durch Vorgesetzte, Kollegenschaft oder „Kunden" hat, wird sie wohl weniger eine Gesundheit gefährdende Beanspruchung darstellen; ob sie zu Berufszufriedenheit führt, sei dahingestellt.

> Was wir am nötigsten brauchen, ist ein Mensch, der uns zwingt, das zu tun, was wir können.
> R.W. EMERSON

Der Eindruck von Schonung kann aber auch entstehen, wenn sich durch vielfache negative Erfahrungen eine Angst vor Versagen entwickelt hat bis hin zu Misserfolgsvermeidung nach dem Motto: „Nimm dir nichts vor, dann geht dir auch nichts schief". Mangelndes Vertrauen in die eigenen Fähigkeiten, die ängstliche Vermeidung von Fehlern und Kritik verhindern zudem zuverlässig Freude und Befriedigung über Erfolge, weil positive Ereignisse selten an der eigenen Person festgemacht, sondern eher dem Zufall oder Glück zugeschrieben werden.

Wer auf Dauer eine gute Balance von WOLLEN und KÖNNEN halten kann, Selbstwirksamkeit erlebt, aus Misserfolgen und Fehlern lernt, seine Grenzen kennt und respektiert, dürfte vor Selbstausbeutung oder Selbstverschleiß einerseits und Selbstschonung andererseits geschützt sein.

Zum Verhältnis von WOLLEN und SOLLEN

Selbst wenn in Bezug auf Eignung und Motivation keine Probleme bestehen, fragt sich, ob die Person nicht nur will, was sie kann, sondern auch will, was sie soll.

Bei dem Verhältnis von WOLLEN und SOLLEN geht es um die Identifikation mit dem Arbeitgeber, dem Arbeitsauftrag und den Bedingungen, unter denen er ausgeführt werden muss.

Fehlbelastungen können einerseits durch Verabsolutierung der Sollens-Forderungen entstehen, andererseits durch Distanzierung/Ablehnung von Arbeitsauftrag, Arbeitsbedingungen und/oder vom Dienstherrn.

Überengagement

Wer nur für seinen Beruf lebt, sein Selbstbewusstsein, seine Selbstbestätigung aus der optimalen Erfüllung des beruflichen Auftrags bezieht, sich vorwiegend über Leistung definiert, läuft Gefahr, in seinen sozialen Kontakten und Beziehungen zu verkümmern und in eine suchtähnliche Abhängigkeit zu geraten. Zudem ist er in seiner psychischen Stabilität gefährdet, wenn es mal nicht so gut läuft.

Das kann auch eintreten, wenn jemand gewohnheitsmäßig mehr leisten will, als gefordert ist: Eine Lehrkraft z. B., die sich über das verlangte Maß hinaus für schwierige Schüler engagiert und dafür Unwillen und Unverständnis der Kollegenschaft oder der Eltern und sogar Undank des Dienstherrn erntet, wird möglicherweise in ihrer Enttäuschung darüber verbittert – es sei denn, sie bekommt von dritter Seite soziale Unterstützung oder kann auf andere Energiequellen und Anreize zurückgreifen, z. B. humanitäre, religiöse Werterfüllung.

Eine andere Form von Spannung zwischen WOLLEN und SOLLEN kann sich ergeben, wenn eine Lehrkraft in guter Absicht mit Engagement etwas Neues tun möchte, aber z. B. durch die Schulleitung daran gehindert wird, etwa offene Unterrichtsformen zu praktizieren oder neue Wege der Elternarbeit zu gehen.

Innere Kündigung

Menschen müssen auch belohnt werden, nicht nur entlohnt.
E. BLANCK

Differenzen in Wertvorstellungen und Einschätzungen, z. B. über guten Unterricht oder bei Lehrplanfragen, unterschiedliche Interpretationen des Bildungs- und Erziehungsauftrags, etwa hinsichtlich des Stellenwerts von Erziehung und Wissensvermittlung, Hierarchie- und Beziehungsprobleme usw. können zu innerer Distanzierung von anderen Personen und dem Arbeitsauftrag und damit zu einem reduzierten Einsatz (WOLLEN) führen. Je nach Reaktion des Dienstherrn und seiner Vertreter bzw. der Kolleginnen und Kollegen kann dies für den Einzelnen zu einer erheblichen psychischen Belastung werden.

Eine dramatische Form der Diskrepanz von WOLLEN und SOLLEN stellt die innere Kündigung dar.

Mit dem Abschluss des Arbeitsvertrages sind jenseits schriftlich fixierter Vereinbarungen in der Regel beiderseitige Erwartungen verbunden; man nennt dies auch den „psychologischen Arbeitsvertrag". Mitarbeiterinnen und Mitarbeiter erwarten vom Arbeitgeber und seinen Vertretern z. B. ein bestimmtes Maß an Unterstützung, Anerkennung und Gratifikation für Leistung, angemessene materielle, organisatorische und soziale Arbeitsbedingungen, kooperative Führung, Vertrauen, Fürsorge, Schutz, Solidarität, Fairness und Rücksicht auf private Belange usw.

Der Arbeitgeber seinerseits erwartet z. B. Einsatzfreude, Loyalität, Engagement, gelegentliche Mehrarbeit, Motivation, Identifikation …

Aus dem Bundesbeamtengesetz

„Der Dienstherr hat im Rahmen des Dienst- und Treueverhältnisses für das Wohl des Beamten und seiner Familie, auch für die Zeit nach Beendigung des Beamtenverhältnisses, zu sorgen. Er schützt ihn bei seiner amtlichen Tätigkeit und in seiner Stellung als Beamter."   § 79 BBG

„Der Beamte hat sich mit voller Hingabe seinem Beruf zu widmen. Er hat sein Amt uneigennützig nach bestem Gewissen zu verwalten. Sein Verhalten innerhalb und außerhalb des Dienstes muß der Achtung und dem Vertrauen gerecht werden, die sein Beruf erfordert."   § 54 BBG

Wenn der Arbeitnehmer nun den Eindruck gewinnt, dass der Dienstherr diese Erwartungen missachtet oder gar Erschwernisse aufbaut, z. B. durch Beschränkung der Befugnisse, Verschlechterung der Arbeitsbedingungen, Benachteiligungen, kann er unterschiedlich reagieren. Unter mehreren Möglichkeiten (etwa Protest, arbeitsrechtliche Kündigung, vermehrte Anstrengungen, um das Wohlwollen des Arbeitgebers wiederzugewinnen oder weil es das berufliche Ethos gebietet), kann es auch zu innerer Kündigung kommen: Er schränkt seine Tätigkeit auf das unumgänglich Notwendige ein, um keinen Grund zur arbeitsrechtlichen Kündigung zu geben, dem Arbeitgeber aber auch nicht mehr als unvermeidbar zu nutzen.

> Wenn du aufgibst, wirst du nie erfahren, ob es das nicht doch wert gewesen wäre.
> D. WIESER

Fazit

Menschen, die können, was sie sollen, und wollen, was sie können und sollen, und in Grenzen dürfen, was sie wollen, dürften wenig Probleme mit der psychischen Gesundheit haben. Darauf können zumindest teilweise jeder für sich, ein Kollegium zusammen für die eigene Schule und ein Dienstherr für die Institution Einfluss nehmen.

Verhaltensmanagement und Verhältnismanagement

Ansatzpunkte für gesundheitsförderliche Maßnahmen

Die Schule sollte den Menschen vervollkommnen, aber nicht fertig machen.
C. ROMAN

Grundsätzlich können schulische Maßnahmen zur Gesundheitsförderung an zumindest drei Punkten ansetzen:

▸ am Verhalten der einzelnen Personen (Verhaltensmanagement),

▸ an den Arbeitsbedingungen innerhalb der einzelnen Schule (Verhältnismanagement) und

▸ an den Rahmenbedingungen des Schulsystems (ebenfalls Verhältnismanagement).

Lehrergesundheit ruht also auf zwei Säulen, wie Abb. 2 veranschaulicht.

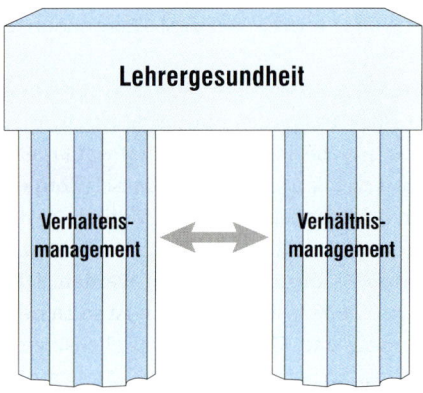

Abb. 2: Die Säulen der Lehrergesundheit

Warum sollten wir unser Verhalten nicht schon zum Besseren ändern, noch bevor unser Leben bedroht ist?

J. KIRSCHNER

Verhaltensmanagement

Verhaltensmanagement umfasst alle Bemühungen, die o. g. „überdauernden und augenblicklichen Voraussetzungen einschließlich der individuellen Bewältigungsstrategien" (EN/ISO 2000) zu entwickeln, zu üben oder zu erwerben, die notwendig sind, um die „normalen" beruflichen bzw. privaten Anforderungen erfüllen zu können und unvermeidliche berufliche Belastungen gesundheitsdienlich zu bewältigen. Es geht um die Selbstverantwortung für die Gesunderhaltung durch Aktivierung und Stärkung der eigenen Ressourcen, durch Prävention und/oder gegebenenfalls Veränderungen des Lebensumfeldes. Jeder muss seine Möglichkeiten der Anforderungs- und Belastungsbewältigung sowie seine Stressresistenz zum Erhalt und zur Förderung oder Wiederherstellung von Gesundheit, Arbeitszufriedenheit und Leistungsfähigkeit optimieren.

Verhältnismanagement

Schulinternes Verhältnismanagement geht der Frage nach, wie die konkreten Verhältnisse an einer Schule so gestaltet werden können, dass sie einerseits die Erfüllung des beruflichen Auftrags unterstützen, Gesundheit und Arbeitszufriedenheit fördern, andererseits das Belastungspotenzial, z.B. durch Arbeitsmenge, Zeitdruck, überhöhte Qualitätsanforderungen, Konflikte oder widrige Arbeitsbedingungen, möglichst gering gehalten wird.

Bildungspolitisches Verhältnismanagement nimmt das Schulsystem als Ganzes in den Blick und sucht nach strukturellen Bedingungen, die der physischen und psychischen Gesundheit abträglich bzw. förderlich sind – beginnend bei der Ausbildung bis zur Schulorganisation.

Kontraproduktive und gesundheitsschädigende systemische Arbeitsbedingungen dürfen allein schon aus ethischen Gründen nicht in die Lösungsverantwortung des Einzelnen gelegt werden. Dazu stellt das Arbeitsschutzgesetz von 1996 fest: „Die Arbeit ist so zu gestalten, dass eine Gefährdung für Leben und Gesundheit möglichst vermieden und die verbleibende Gefährdung möglichst gering gehalten wird; ... " (§ 4). Gefährdungsanalysen sollen Gesundheitsrisiken und Gefahrenquellen aufdecken (§ 5), denn „Gefahren [sind] an der Quelle zu bekämpfen" (§ 4).

Die Verantwortung dafür obliegt vor allem dem Dienstherrn und seinen Vertretern. Aber auch die Mitarbeiterinnen und Mitarbeiter selbst können gemeinsam die Arbeitssituation gesundheitsförderlich oder -schädigend für sich selbst und für einander gestalten. Das Arbeitsschutzgesetz weist ihnen deshalb eine gegenseitige Verantwortung zu, indem es die Beschäftigten verpflichtet, für ihre eigene Sicherheit und Gesundheit bei der Arbeit Sorge zu tragen und auch „für die Sicherheit und Gesundheit der Personen zu sorgen, die von ihren Handlungen oder Unterlassungen bei der Arbeit betroffen sind" (§ 15).

> Wenn der Wind des Wandels weht, bauen die einen Mauern, die anderen Windmühlen.
> WEISHEIT AUS CHINA

> Wenn jemand unter einer Last zusammenbricht – war der Mensch zu schwach oder war die Last zu groß?

Zwischen Verhaltensmanagement und Verhältnismanagement besteht eine wechselseitige Abhängigkeit; sie sollten nicht als Gegensatz verstanden und nicht gegeneinander ausgespielt werden. Potenziell entlastende, gesundheitsförderliche Änderungen der Verhältnisse zeigen erst dann ihre volle Wirkung, wenn die Menschen sie nicht ignorieren oder gar boykottieren, sondern ihr Verhalten entsprechend modifizieren. Dies gilt auch in gegenläufiger Richtung, wie aus therapeutischen Kontexten hinlänglich bekannt: Wenn jemand sein Verhalten ändert, ohne dass dies vom Umfeld zugelassen oder gestützt wird, werden sich die alten Gewohnheiten schnell wieder einstellen.

> Wer immer tut, was er schon kann, bleibt immer das, was er schon ist.
> H. FORD

Wenn es z. B. gelingt, den Führungsstil einer Schulleitung zu größerer Partizipation, Transparenz, Wertschätzung zu verändern (Verhaltensmanagement), kann dies für das Kollegium eine Verbesserung der Arbeitssituation in der Schule bedeuten (Verhältnismanagement), durch die eine Menge täglicher Enttäuschung, Verärgerung, Demotivierung entfällt.

Andererseits könnte der Einsatz in einer kleinen Klasse (Verhältnismanagement) für eine einzelne Lehrkraft bedeuten, eine entspannte Lernsituation schaffen zu können, sich mehr um Einzelne zu kümmern, gelassener mit Störungen umzugehen und mit weniger Anstrengung effektiver zu unterrichten – aber nur, wenn sie ihren Unterrichtsstil entsprechend modifiziert (Verhaltensmanagement).

Vorbeugen oder Heilen? – Zielrichtungen und Maßnahmen

Unabhängig von der Frage, welches Gewicht im Einzelfall dem Verhaltensmanagement oder dem Verhältnismanagement zukommt, können Maßnahmen zur Gesundheitsförderung verschiedene Zielrichtungen haben.

Stärkung von Ressourcen

Stärkung von Ressourcen bedeutet im Sinne der Salutogenese Verbesserung der individuellen Voraussetzungen – noch bevor etwas „passiert" ist. Dies ist nicht nur eine persönliche Bringschuld; sie muss ergänzt werden durch institutionelle Maßnahmen zur Ressourcenförderung, etwa durch eine geeignete Ausbildung, passende Fortbildungsangebote oder die Bereitstellung externer Kompetenz, z. B. Schulpsychologische Dienste.

Prävention

Prävention zielt auf die Beseitigung oder Reduzierung von individuellen (z. B. Rauchen) bzw. institutionellen Risikofaktoren (z. B. ineffektive Organisation) für die psychische und physische Gesundheit.

Intervention

Intervention richtet sich auf die Wiederherstellung von Gesundheit und Dienstfähigkeit durch individuelle Bemühungen, etwa durch medizinische oder psychotherapeutische Behandlung, Reduzieren der Arbeitszeit u. ä., aber auch durch institutionelle Arrangements, z. B. Entlastungsmöglichkeiten, Rehabilitationsmaßnahmen usw.

Die Abgrenzung zwischen diesen drei Kategorien ist fließend, da auch in Interventionen (z. B. Psychotherapie) durchaus präventive und Kompetenz verbessernde Maßnahmen eingeschlossen sind.

Morgenwonne

Ich bin so knallvergnügt erwacht.
Ich klatsche meine Hüften.
Das Wasser lockt. Die Seife lacht.
Es dürstet mich nach Lüften.

Ein schmuckes Laken macht einen Knicks
Und gratuliert mir zum Baden.
Zwei schwarze Schuhe in blankem Wichs
Betiteln mich „Euer Gnaden".

Aus meiner tiefsten Seele zieht
Mit Nasenflügelbeben
Ein ungeheurer Appetit
Nach Frühstück und nach Leben.

J. RINGELNATZ

Matrix zur Lehrergesundheit

Verknüpft man Ansatzpunkte und Zielrichtungen zu einer Matrix erhält man ein differenziertes Suchraster, mit dem Maßnahmen zur betrieblichen Gesundheitsförderung an der eigenen Schule zusammengetragen werden können.

Ansatzpunkte	Zielrichtungen		
	Stärkung von Ressourcen	Prävention	Intervention
Individuum Was kann jeder Einzelne für sich tun (und damit einen Beitrag für alle leisten)?	z. B. effizientes Zeitmanagement	z. B gesundheitsdienliche Stressbewältigung	z. B. rechtzeitige medizinische/ psychologische Beratung/ Behandlung
Einzelschule Was können wir gemeinsam für unsere Gesundheitsförderung machen (und damit auch für jeden Einzelnen)?	z. B. Kooperation, Partizipation vereinbaren und einüben	z. B. Vereinbarungen über Konfliktlösungen, Verhaltensnormen …	z. B. Entlastungsmöglichkeiten für „angeschlagene" Kolleginnen und Kollegen
Schulsystem Was müsste bildungspolitisch/schulaufsichtlich geschehen, um unsere Bemühungen zu unterstützen?	z. B. Stärkung pädagogischer/ psychologischer Ausbildungsanteile in Universität und Seminar	z. B. Begleitung von Berufsanfängern durch Supervision und Praxisberatung	z. B. alternativer Einsatz gesundheitlich belasteter Lehrkräfte für nicht unterrichtliche Aufgaben …

Tab. 1: Ansatzpunkte und Zielrichtungen der schulischen Gesundheitsförderung

Eine modifizierte Form dieser Tabelle finden Sie im 31 oder auf Seite 124 in diesem Buch.

2. Arbeitshilfen zur Klärung Ihrer persönlichen Belastungen und Ressourcen

Sie sind eingeladen, sich näher kennenzulernen

Nur wer seine Mitte kennt, kann weite Kreise ziehen.
MEISTER ECKHART

In diesem zweiten Teil wollen wir Sie ermutigen, den Blick auf sich selbst zu lenken und nachzuforschen, wie es mit Ihrer persönlichen Verhaltensbilanz aussieht. Was an meinem Verhalten, Denken, Fühlen ist o. k. und was ist nicht o. k.? Was kann so bleiben – was muss anders werden? Was möchte ich für mich und bei anderen erreichen und was muss ich dafür tun? Subjektives Änderungsbedürfnis und objektiver Änderungsbedarf sind die Basis für Veränderungen.

Widerstehen Sie aber bitte der Versuchung, voreilig in Aktionismus zu verfallen, um einem Änderungsbedürfnis nachzugehen oder von außen angemahntem Änderungsbedarf zu genügen. Nehmen Sie sich Zeit, Ihre derzeitige Lage zu analysieren. Mit Verhaltensänderung verhält es sich wie mit dem Wandern: Wer seinen Standort nicht kennt, findet kein Ziel – und wer kein Ziel hat, kommt nirgends an – und wenn man sich unbedacht auf den Weg macht, wird man unterwegs hungern und dürsten und bald resigniert aufgeben. Je mehr Zeit Sie in die Vorbereitung für den beschwerlichen Weg einer Änderung von Verhaltensweisen und Gewohnheiten stecken, desto effektiver und nachhaltiger werden Sie diese realisieren können.

Schauen Sie bei der Suche nach sich selbst nicht nur darauf, was nicht so optimal läuft, was Sie belastet, auf die täglichen Widrigkeiten, Schwierigkeiten und die krankmachenden „Dauerbrenner". Achten Sie wie bei einer Bilanz auch auf die Aktivposten, was Ihnen Freude macht, woher Sie Energie schöpfen, was Sie aufbaut.

> Beim Lernen und Problemlösen nützen erworbene Strategien nichts – außer man wendet sie an.
> Was vorstellbar ist, ist auch machbar.
>
> A. EINSTEIN

Meine Energiebilanz

 1

Im Folgenden finden Sie eine Möglichkeit, sich mit Ihren Belastungen und Ihren Energiequellen auseinanderzusetzen und Ihre persönliche Energiebilanz zu erstellen. Tragen Sie bitte in die Tabelle ein:

▸ Was sind Ihre Energieräuber (= Belastung, Stress …) und wo hausen diese: Beruf, Familie, Verein …?

▸ Aus welchen Quellen sprudeln Ihre Energien und wo befinden sich diese?

Ohne Energie – keine Synergie.
W. MEURER

Energieräuber	Wo hausen die?	Energiequellen	Wo sprudeln die?

Auswertung Ihrer Energiebilanz

▸ Wie verhalten sich Energieräuber und Energiequellen quantitativ und qualitativ zueinander?

▸ Wo liegen die Belastungen und woher kommen die positiven Energien?

▸ Erkennen Sie Schwerpunkte und Einseitigkeiten?

 2

Fragen zu Ihren Energieräubern

▸ In welchem Zusammenhang stehen Ihre Belastungen mit Fach- und Sachproblemen, Gesundheit, sozialen Beziehungen, Arbeitsmenge, unrealistischen Zielen, Erwartungen, unzureichenden Kompetenzen ...?

▸ Wen machen Sie verantwortlich? Was können Sie selbst an Ihren Belastungen verändern?

▸ Wo sind Sie auf die Veränderungen von Bedingungen oder Hilfen von außen angewiesen?

 **3**

Fragen zu Ihren Energiequellen

▸ Sind die positiven Energien eher erfolgs- und leistungsbetont (z. B. es gelingt etwas) oder erlebnisgefärbt (Musik, Landschaft, Kunst ...)? Gibt es Energiequellen der Schule?

Wer sich beim Schweizer Käse nur über die Löcher ärgert, kann den Käse nicht genießen.
C. HENNING

▸ Suchen Sie diese Energiequellen aktiv und bewusst geplant auf – oder sind es eher Ereignisse, die Ihnen von anderen geschenkt werden oder die „zufällig passieren"?

▸ Wo sehen Sie Defizite? Wo wollen/wo können Sie etwas verändern? Welche Hürden sind dafür zu überwinden?

▸ Wer kann Ihnen dabei helfen?

▸ Wie gestalten Sie Ihre Erholungsphasen?

▸ Weitere Beobachtungen an Ihnen über Ärgern, Genießen, ...

Vergnügungen

Der erste Blick aus dem Fenster am Morgen
Das wiedergefundene alte Buch
Begeisterte Gesichter
Schnee, der Wechsel der Jahreszeiten
Die Zeitung
Der Hund
Die Dialektik
Duschen, Schwimmen
Alte Musik
Bequeme Schuhe
Begreifen
Neue Musik
Schreiben, Pflanzen
Reisen, Singen
Freundlich sein.

B. BRECHT

4

Arbeitsbezogenes Verhaltens- und Erlebensmuster (AVEM)

An der Universität Potsdam wurden unter der Leitung von Professor Schaarschmidt über viele Jahre Verhaltensweisen und Einstellungen zum Beruf erforscht (Schaarschmidt/Fischer 2001, S. 31ff.). Der folgende Kurztest ermöglicht Ihnen eine erste grobe Annäherung an Ihr persönliches „arbeitsbezogenes Verhaltens- und Erlebensmuster (AVEM)". Vertiefende Verfahren finden Sie unter IEGL (Inventar zur Erfassung von Gesundheitsressourcen im Lehrerberuf). Bevor Sie weiter lesen: Kreuzen Sie bei jeder Frage die für Sie zutreffende Stufe (1 bis 7) an:

3, 4 und 5 = mittlere	2 und 6 = deutliche	1 und 7 = starke Ausprägung

Wie sehr trifft es für Sie zu, dass Sie ...

1. ... die Arbeit als Ihren wichtigsten Lebensinhalt ansehen?

gar nicht	1 SSB	2 SSBB	3 GSSBB	4 GGSABB	5 GGAAB	6 GAA	7 AA	voll und ganz

2. ... im Beruf mehr erreichen wollen als andere?

gar nicht	1 SSBB	2 SSBB	3 SSBB	4 GSAB	5 GGAA	6 GGA	7 GGA	voll und ganz

3. ... sich über das gesunde Maß hinaus verausgaben, wenn es die Arbeitsaufgabe erfordert?

gar nicht	1 SS	2 SSB	3 GSB	4 GGSABB	5 GAABB	6 GAAB	7 AA	voll und ganz

4. ... die Arbeit immer perfekt, also ohne Fehl und Tadel machen wollen?

gar nicht	1 SS	2 SSB	3 SSBB	4 GSABB	5 GGAAB	6 GAA	7 GAA	voll und ganz

5. ... nach der Arbeit problemlos abschalten und an andere Dinge denken können?

gar nicht	1 AA	2 AAB	3 AABB	4 GABB	5 GGSB	6 GGSS	7 GSS	voll und ganz

6. ... nach Misserfolgen schnell zur Resignation und zum Aufgeben neigen?

gar nicht	1 GGS	2 GGS	3 GGSSA	4 GSAAB	5 AABB	6 BB	7 BB	voll und ganz

7. ...sich auch bei auftretenden Schwierigkeiten und Hindernissen behaupten und durchsetzen?

gar nicht	1 BB	2 SABB	3 SSAB	4 GSAA	5 GGSAA	6 GGA	7 GG	voll und ganz

8. ... selbst bei größter Aufregung und Hektik in Ihrer Umgebung ruhig und gelassen bleiben können?

gar nicht	1 AABB	2 AABB	3 AABB	4 GSAABB	5 GGSSAB	6 GGSS	7 GGS	voll und ganz

9. ... in Ihrem bisherigen Berufsleben erfolgreich sein können?

gar nicht	1 BB	2 BB	3 SAB	4 GSSAA	5 GSAA	6 GGA	7 GG	voll und ganz

10. ... mit Ihrem gesamten Leben zufrieden sind?

gar nicht	1 BB	2 ABB	3 AAB	4 GSA	5 GGSS	6 GGS	7 GG	voll und ganz

11. ... sich stets auf Verständnis und Unterstützung durch Nahestehende verlassen können?

gar nicht	1 AABB	2 AABB	3 SAABB	4 GSSAB	5 GGSS	6 GGS	7 GGS	voll und ganz

Es geht hier um drei Faktoren:

▸ Das Engagement für die beruflichen Anforderungen,
▸ die Widerstandskraft gegenüber den beruflichen Belastungen und
▸ die Emotionen, die die Berufstätigkeit begleiten.

Zählen Sie jetzt, wie oft die Buchstaben G, S, A und B in den von Ihnen markierten Feldern stehen und tragen Sie die Anzahl in die nachfolgende Tabelle ein (z. B. bei Frage 1-1: 2 x S, 1 x B). Zusätzlich geben Sie am Ende den Rangplatz der Summen an (höchster Wert = Rangplatz 1).

Anzahl G/S/A/B	Muster G:	Muster S:	Muster A:	Muster B:
Rangplatz				

Je größer der Abstand zwischen Rang 1 und 2, desto mehr kennzeichnet das häufigste Muster Ihr persönliches Arbeitsverhalten und -erleben; bei weniger als fünf Punkten Abstand zwischen den Mustern ist von einem „Mischmuster" auszugehen. Die Beschreibung der Muster finden Sie im folgenden.

Kurzbeschreibung der arbeitsbezogenen Verhaltens- und Erlebensmuster

Muster G

Dieses Muster ist Ausdruck von Gesundheit und Hinweis auf ein gesundheitsförderliches Verhältnis gegenüber der Arbeit. Es vereint hohes, aber nicht exzessives berufliches Engagement (Bedeutsamkeit der Arbeit, beruflicher Ehrgeiz, Verausgabungsbereitschaft, Perfektionsstreben) mit Distanzierungs- und Widerstandsfähigkeit gegenüber Belastungen (geringe Resignationstendenz, offensive Problembewältigung und innere Ruhe und Ausgeglichenheit), gepaart mit positiven Emotionen (berufliches Erfolgserleben, Lebenszufriedenheit, Erleben sozialer Unterstützung).

Muster S

Dieses Muster ist durch Schonung gegenüber der Arbeit, geringstes Engagement und höchste Distanzierungsfähigkeit bei niedriger Resignationstendenz charakterisiert. Innere Ruhe und Ausgeglichenheit, Lebenszufriedenheit und das Erleben sozialer Unterstützung zeigen ein insgesamt positives Lebensgefühl an.

Risikomuster A

Bemerkenswert bei diesem Muster ist vor allem der eindeutig niedrigste Wert in der Distanzierungsfähigkeit, der mit außerordentlich starkem Engagement bei verminderter Widerstandsfähigkeit gegenüber Belastungen einhergeht (wenig innere Ruhe und Ausgeglichenheit, relativ hohe Resignationstendenz). Anerkennung für hohe Anstrengung wird eher nicht erlebt und ist von eher negativen Emotionen begleitet.

Sie haben Ihre berufliche Situation frei gewählt. Damit sind sie auch für die Konsequenzen Ihrer Wahl selbst verantwortlich.
R. SPRENGER

Risikomuster B

Zum Bild des Risikomusters B gehören zunächst geringes Arbeitsengagement, wenig subjektive Bedeutsamkeit der Arbeit und beruflicher Ehrgeiz, das Ganze aber bei eingeschränkter Distanzierungsfähigkeit. Auch alle weiteren Merkmale zeigen im Vergleich mit dem Muster S überwiegend gegensätzliche Ausprägungen: Kritische Werte bei Widerstandsfähigkeit gegenüber belastenden Situationen, Zufriedenheit und Wohlbefinden. Generell ist dieses Muster durch Resignation, Motivationseinschränkung, herabgesetzte Widerstandsfähigkeit gegenüber Belastungen und negative Emotionen gekennzeichnet (ausführlich siehe Schaarschmidt 2005).

> Es ist nicht der Dorn, der Dich verletzt, Du selbst verletzt Dich am Dorn.
> SPRICHWORT

Hinweise zur Auswertung

Bei der Betrachtung Ihrer Ergebnisse bedenken Sie bitte, dass es sich nur um einen groben Kurztest handelt, dessen Aussagekraft eingeschränkt ist. Folgende Hinweise könnten dennoch Anregungen für die Selbsterforschung geben.

Sofern bei Ihnen Muster G überwiegt, haben Sie offenbar eine gute Balance zwischen beruflichem Engagement und rekreativem Ausgleich gefunden; Glückwunsch! Sie könnten anderen ein Vorbild sein.

Angehörige des Musters S sollten bedenken, an welcher Stelle ihrer Wertehierarchie berufliches Engagement und Freude an ihrem Beruf stehen, den sie vielleicht noch längere Zeit ausüben müssen. Haben Sie resigniert, weil Sie immer wieder erfahren, dass Ihre Bemühungen wenig wirksam sind? Oder haben Sie gelernt, mit möglichst wenig Aufwand zu Lasten anderer durchzukommen? Wie steht es dann um Ihr eigenes Anspruchsniveau? Vermeiden Sie Aufgaben und Engagement, weil Sie sich nicht hinreichend kompetent fühlen und Fehler, Kritik und Misserfolg vermeiden wollen?

Wer sich dem Muster A zurechnet, sollte vielleicht den Stellenwert von Schule oder seiner Arbeit relativieren und die Ansprüche überdenken, die er an sich selbst stellt. Vielleicht fehlt es auch „nur" an einer effizienten Arbeitsorganisation und Delegation, an Zeitmanagement und Neinsagen oder an gesundheitsdienlicher Konflikt- und Stressbewältigung.

Um Selbstverschleiß zu vermeiden, gilt es auch, berufliche und private Pflichten und Freizeitaktivitäten auszubalancieren („work-life-balance"). Das offene Gespräch mit kritischen Freunden kann blinde Flecken enttarnen und Perspektiven verändern.

Muster A kann von Muster G und S lernen, dass es auch außerhalb von Schule interessante Aktivitäten gibt und man Grenzen setzen kann; das Leben muss sich nicht nur um Schule drehen.

Muster B benötigt – je nach Ausprägung und Hintergrund der Resignation und der negativen Gefühle – unterschiedliche Interventionen, z.B. emotionale Stabilisierung und die Aufarbeitung enttäuschter Erwartungen. Eine kollegial unterstützte Klärung des professionellen Selbstverständnisses zur (erneuten) beruflichen Sinnfindung kann Motivation wecken und neue Ziele setzen. Vernachlässigte Kompetenzen müssen vielleicht durch Fortbildung und Supervision aufgefrischt werden. Die Einbindung in Teams, psychologische Beratung und Hilfe und die Einübung einer offensiven Kommunikation und Problemlösung können über emotionale „Durststrecken" hinweghelfen. (Vergleiche dazu Schaarschmidt und Kieschke 2007; siehe auch IEGL)

Unzufriedenheit ist der Anfang für den Erfolg.
O. WILDE

Ehre den Erzieher und Lehrer Deiner Kinder!

Keine Wohlthat ist größer, als die des Unterrichts und der Bildung.
Wer jemals etwas dazu beigetragen hat, uns zu weiseren, besseren und glücklicheren Menschen zu machen, der müsse unseres wärmsten Dankes lebenslang gewiß sein können! Hat er dabei nicht Alles geleistet, was wir jetzt, bei reiferen Jahren, bei weiteren Fortschritten in der Cultur, von einem Lehrer und Hofmeister fordern würden, so sollen wir doch nicht unerkenntlich gegen das Wenige sein, was wir von ihm empfangen haben.

Überhaupt verdienen ja Diejenigen wohl mit vorzüglicher Achtung behandelt zu werden, die sich redlich dem so wichtigen Erziehungsgeschäfte widmen. Es ist wahrlich eine höchst schwere Arbeit, Menschen zu bilden – eine Arbeit, die sich nie mit Gelde bezahlen läßt.

Der geringste Dorfschullehrer, wenn er seine Pflichten treulich erfüllt, ist eine der nützlichsten Personen im Staate, und da sein Gehalt gewöhnlich sparsam genug abgemessen ist, was kann da billiger sein, als daß man diesem Mann wenigstens durch eine Ehrenbezeigung das Leben süß und das Joch erträglich zu machen sucht?

Schämen sollten sich die Menschen, die den Erzieher ihrer Kinder wie eine Art Dienstboten behandeln! Möchten sie nur bedenken (wenn sie auch nicht fühlen können, wie unedel dies Betragen an sich schon ist), welchen nachtheiligen Einfluß es auf die Bildung der Jugend ausübt!

A. KNIGGE

Meine Arbeitszufriedenheit 5

Die nachfolgende Checkliste bietet Möglichkeiten zur Einschätzung Ihrer beruflichen Zufriedenheit. Geben Sie bitte in der zweiten Spalte an, ob eine möglicherweise geringe Zufriedenheit für Sie eine Belastung darstellt.

Wie zufrieden sind Sie alles in allem an Ihrer Schule mit ...	(eher) nicht zufrieden	belastet Sie das? ja + sehr ++	eher zufrieden + / völlig zufrieden ++
den Kolleginnen und Kollegen?			
der Schulleitung?			
den Schülerinnen und Schülern?			
Ihrer Tätigkeit und Ihren Aufgaben?			
den äußeren Arbeitsbedingungen?			
der Arbeitsorganisation?			
Ihrem unterrichtlichen Einsatz?			
Ihren beruflichen Entwicklungs-möglichkeiten?			
Wenn Sie nun an alles denken, was für Ihre Arbeit eine Rolle spielt: Wie zufrieden sind Sie dann insgesamt mit Ihrem Beruf?			

Zur Auswertung

▸ Welche Konsequenzen ziehen Sie aus Ihrem Ergebnis?

▸ Wie können Sie Ihre Situation positiv verändern?

▸ Wer kann dabei helfen?

6

Zwölf Aspekte von Arbeitszufriedenheit

In einer Umfrage eines Beratungsunternehmens bei 80.000 Führungskräften haben sich diese Aspekte als besonders bedeutsam für motivierendes Führungsverhalten und die Arbeitszufriedenheit von Mitarbeiterinnen und Mitarbeitern herausgestellt. Sie können diese Aussagen mit Ihrem eigenen Erleben vergleichen, aber auch hinsichtlich Ihrer eigenen Führungsverantwortung (vergleiche hierzu Buckingham/Coffman 2001).

Aspekte von Arbeitszufriedenheit	ja + nein –
Ich weiß, was in der Schule von mir erwartet wird.	
Ich verfüge über Materialien/Arbeitsmittel, um meine Arbeit richtig zu machen.	
Ich habe jeden Tag in der Schule Gelegenheit, das zu tun, was ich am besten kann.	
Ich habe in den letzten sieben Tagen für gute Arbeit Anerkennung/Lob bekommen.	
Mein Vorgesetzter (oder jemand anderes in der Schule) interessiert sich für mich als Mensch.	
Es gibt in der Schule jemanden, der mich in meiner Entwicklung unterstützt/fördert.	
Ich habe den Eindruck, dass meine Meinungen/Vorstellungen im Kollegium zählen.	
Die Ziele/Philosophie meiner Schule geben mir das Gefühl, dass meine Arbeit wichtig ist.	
Meine Kollegen sind bestrebt, Arbeit von hoher Qualität zu leisten.	
Ich habe in der Schule einen sehr guten Freund.	
In den letzten sechs Monaten hat jemand in der Schule mit mir über meine Fortschritte gesprochen.	
Ich habe Gelegenheit, Neues zu lernen und mich weiterzuentwickeln.	

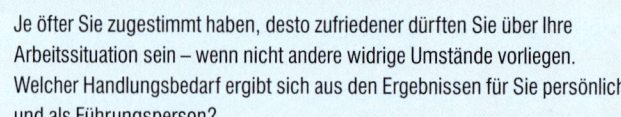

Je öfter Sie zugestimmt haben, desto zufriedener dürften Sie über Ihre Arbeitssituation sein – wenn nicht andere widrige Umstände vorliegen. Welcher Handlungsbedarf ergibt sich aus den Ergebnissen für Sie persönlich und als Führungsperson?

Die inneren Antreiber

Eine besondere Rolle im Kontext von Stress, Selbstüberforderung und unrealistischen Zielsetzungen spielen die sogenannten inneren Antreiber. Damit sind Grundhaltungen, Leitideen oder „Glaubenssätze" gemeint, die wir durch Erziehung, über Modellpersonen oder aufgrund eigener Erfahrungen als persönliche Verhaltensmaxime internalisiert haben.

Solche inneren Antreiber sind z. B.
▶ Fehler machen ist schlimm: Sei perfekt!
▶ Zeit ist kostbar: Mach schnell!
▶ Schwächen zeigt man nicht: Sei stark!
▶ Du bist nur was, wenn du was leistest: Arbeite! Streng dich an!
▶ Lass dich nicht hängen: Reiß dich zusammen!
▶ Alle sollen dich mögen: Mach es allen recht!
▶ Lass dir nichts gefallen: Wehr dich!

Es gibt auch berufsspezifische irrationale Leitsätze, z. B.
▶ „Ein guter Lehrer hat alle Schülerinnen und Schüler gleich gern."
▶ „Mit bestimmten Schülerinnen und Schülern nicht zurechtzukommen, ist ein Zeichen dafür, kein guter Lehrer zu sein."
▶ „Ein guter Lehrer löst seine Probleme allein!"

Solche Grundhaltungen wirken als Regeln in die alltäglichen Handlungen hinein, setzen Prioritäten, bilden Maßstäbe für die Bewertung des eigenen Verhaltens und des Verhaltens anderer Personen. Dennoch werden wir uns ihrer selten bewusst.

Als Lebensthemen besitzen sie eine ambivalente Funktion: Einerseits können sie treibende Kraft und Energiespender sein. Sie bergen aber auch ein ständiges Risikopotenzial, den eigenen Ansprüchen nicht zu genügen und die persönlichen Ziele nicht zu erreichen. Insofern können sie andererseits zu starken Belastungsfaktoren und Stressoren werden und uns zu Getriebenen machen.

> Es kommt nicht darauf an, was man aus uns gemacht hat, sondern darauf, was wir aus dem machen, was man aus uns gemacht hat.
> J. P. SARTRE

Versuchen Sie mit Hilfe eines kritischen Freundes, Ihre inneren Antreiber zu identifizieren.

▶ Womit setzen Sie sich selbst regelmäßig unter Druck?
▶ Überfordern Sie mit Ihren eigenen Leistungsmaßstäben auch andere?

Leitfragen zur Analyse schwieriger Situationen

Dieser Leitfaden enthält Fragen, mit denen Sie den Hintergründen einer Belastungssituation, eines persönlichen Problems oder Ihres Stresserlebens auf die Spur kommen können. Versuchen Sie anhand der Fragen eine genaue Beschreibung. Im Gespräch/Interview mit einer vertrauten Person kann die Klärung vielleicht noch intensiver verlaufen.

> Spannt gerade der angehende Schulmann seine Erwartungen hoch und treten dann die beschwerlichen, peinlichen Rücksichten auf so und so viele Kleinigkeiten des Berufs an ihn heran, so geht ihm leicht die Fähigkeit verloren, das Kleine mit dem Großen in Verbindung zu halten und die Wirklichkeit mit dem Ideale auszusöhnen; er verfällt dann wohl der Resignation und der Hoffnungslosigkeit ...
>
> A. M. MATTHIAS

1. Beschreibung der Situation
Welche Ereignisse, Situationen, Umstände, Aufgaben, Personen usw. (im Folgenden mit „X" bezeichnet) machen Ihnen Schwierigkeiten, stellen ein Problem, eine Belastung dar oder bedeuten Stress?

2. Subjektives Erleben der Situation
▸ Inwiefern ist X für Sie ein Problem?
▸ Was macht den Belastungscharakter aus?
▸ In welcher Weise macht sich die Belastung bemerkbar?
▸ Was geht in Ihnen vor, wenn X eintritt?
▸ An welchen Vorzeichen merken Sie, dass X eintreten wird?
▸ Welche Gefühle löst X bei Ihnen aus?
▸ Wie war die Entwicklung dahin?
▸ Welche Befürchtungen haben Sie für sich/für andere, wenn X passiert/nicht aufhört?
▸ Bei allem Stress: Welche positiven/vorteilhaften Aspekte hat X für Sie? Was würde Ihnen fehlen, wenn X aufhört?

3. Subjektive Erklärung der Situation
▸ Welche Vermutungen haben Sie über die Entstehung/Entwicklung/ Aufrechterhaltung von X? Gibt es darüber auch andere Meinungen?
▸ Wie sieht ein kritischer Freund dies?

▸ Gibt es daneben noch andere Situationen …, die auch problematisch sind, aber im Vergleich zu X weniger ins Gewicht fallen?

▸ Was ist Ihnen als Lehrer wichtig, worauf legen Sie besonderen Wert?

4. An der Situation beteiligte Personen

▸ Wer ist an X mehr oder weniger beteiligt oder davon betroffen?

▸ Wie sieht X Ihrer Meinung nach aus der Sicht des/der Hauptbetroffenen/-beteiligten aus (wenn es den gibt)?

▸ Welche Kommunikation/Beziehungen gibt es zwischen und mit den Beteiligten/Betroffenen über X? Wie reagieren andere, wenn X auftritt?

▸ Mit wem reden Sie über X?

▸ Wie denken Sie über die Reaktionen und Meinungen der anderen zu X?

▸ Könnten Sie sich vorstellen, dass X für jemand positiv/vorteilhaft sein kann? Gibt es jemand, der Interesse daran hat, dass X existiert?

> Jede schwierige Situation, die du jetzt meisterst, bleibt dir in Zukunft erspart.
> DALAI LAMA

5. Eigene Reaktionen

▸ Wie reagieren Sie gewöhnlich, wenn X eintritt? Wie haben Sie beim letzten Mal reagiert, als X eingetreten ist?

▸ Wie reden Sie mit sich, wenn Sie erwarten, dass X eintritt?

▸ Haben Sie X schon einmal gut bewältigt? Was haben Sie da getan? Wie haben Sie sich dabei gefühlt?

▸ Was hindert Sie daran, X immer so zu bewältigen?

6. Lösungsansätze

▸ Welche Bewältigungsstrategien setzen Sie mit welchem Erfolg ein?

▸ Was müsste geschehen, damit Sie mit X besser umgehen/damit sie X besser bewältigen können? Was dürfte auf keinen Fall geschehen?

▸ Was können Sie selbst zur Lösung beitragen?

▸ Was wären Sie bereit zu „opfern", zu investieren?

▸ Wer würde bei der Bewältigung von X helfen können?

▸ Wer wäre an einer Lösung auch noch zu beteiligen, wer müsste dazu beitragen, wer wäre davon betroffen?

▸ Was ist ein erster Schritt für Sie?

Nur wer seine Wunden zeigt, kann geheilt werden.

J. BEUYS

7

Berufliche Risikofaktoren für Motivationsverlust und Unzufriedenheit

Bitte prüfen Sie aufrichtig vor sich selbst, ob der geschilderte Sachverhalt für Sie zutrifft. Zusätzlich schätzen Sie bitte ein, ob und wie stark es Sie belastet, dass dieser Risikofaktor bei Ihnen vorliegt.

Externale Verletzungen, Erschwernisse, Beeinträchtigungen Ich erlebe … 0 – gar nicht; 1 = wenig; 2 = ziemlich; 3 = ausgeprägt	trifft zu (0 bis 3)	belastet mich (0 bis 3)
anhaltende oder immer wiederkehrende Überbeanspruchung durch Arbeitsmenge, Qualitätsforderungen, Zeitdruck, „Reformen"		
Diskrepanz zwischen Zielvorgaben einerseits und Arbeitsbedingungen und Arbeitsmitteln andererseits		
Überforderung durch elterliche und gesellschaftliche Erwartungen		
praxisferne, widersprüchliche Vorschriften und Vorgaben; bürokratische Behinderungen fachlicher Arbeit		
unzureichende Erholungsmöglichkeiten …		
schlechtes Ansehen des Lehrerberufs in der Öffentlichkeit und in der Politik		
länger andauernde Missachtung bzw. Nichtberücksichtigung persönlicher Bedürfnisse in der Schule		
Demütigung, Behinderungen/Ungerechtigkeiten, Mobbing, Intrigen, Nichtbeachtung/Kränkungen durch Kollegen, Schüler, Eltern …		
… durch Vorgesetzte		
fehlende soziale Unterstützung/Rückhalt im Kollegium und bei Problemen mit Schülern und Eltern		
mangelnde Kommunikation und Gesprächsmöglichkeiten		
widersprüchliche Rollenerwartungen bzw. Rollenunklarheit		
wenig Rückmeldung/Anerkennung/Wertschätzung von Leistungen und Erfolgen		

Ungünstige Verhaltensweisen und internale Risikofaktoren	trifft zu (0 bis 3)	belastet mich (0 bis 3)
Ich beobachte bei mir oder andere machen mich aufmerksam auf ...		
unzureichende Kompetenzen zur Erfüllung meiner Aufgaben		
andauernde Misserfolge durch überhöhtes eigenes Anspruchsniveau und unrealistische persönliche Zielsetzungen mit mangelhafter Flexibilität zur Anpassung		
Überengagement, Aufopferung bis an die Grenze der körperlichen und psychischen Leistungsfähigkeit		
Stress durch verinnerlichte Antreiber (z. B. es allen Recht machen zu wollen; immer Nummer Eins sein)		
einseitige Perspektive auf Mängel, Fehler und Unzulänglichkeiten		
ungünstige Bewältigungsstrategien für Stresssituationen und Belastungen (Flucht, Rückzug, Selbstvorwürfe, Grübeln ...)		
Hilflosigkeit in Problemlagen und sozialen Konfliktsituationen		
ungünstige Erklärungsmuster für Erfolg und Leistung (Glück, Zufall) und Misserfolg (eigenes Versagen)		
als vorwiegende Motivation: Vermeiden von Fehlern und Misserfolgen		
starke Diskrepanzen zwischen meinen persönlichen Werten und den institutionellen Vorgaben		
konfliktfördernde und beziehungsbelastende Kommunikationsgewohnheiten		
mangelhafte Nutzung von Erholungsphasen		
schwache Distanzierungsfähigkeit von belastenden Ereignissen		
Verlust von Selbstwert, Selbstachtung		
...		

8

Schutzfaktoren gegen Motivationsverlust und Unzufriedenheit

Intrapsychische Schutzfaktoren Ich erlebe … 0 = gar nicht; 1 = wenig; 2 = ziemlich; 3 = ausgeprägt	das habe/ kann ich (0 bis 3)	ich bedauere, dass ich das nicht oder zu wenig habe/kann
realitätsangemessenes Vertrauen in meine Kompetenz – unter den gegebenen Arbeitsbedingungen		
Erfahrung von Selbstwirksamkeit, Erfolg		
positive Strategien und Kompetenzen für die Bewältigung von Stress und Belastungen		
bewusste Erholung und Entspannung als Ausgleich für Belastungen und Stress		
aktive Suche nach und Erfahrung von sozialer Unterstützung		
reflektierte Offenheit für Feedback		
realistisches Verhältnis zwischen meinen Zielvorstellun- gen, Leistungsansprüchen und Kompetenzen		
Begeisterung; Identifizierung mit den Aufgaben; Enga- gement (sofern es nicht in Selbstausbeutung ausartet)		
Fähigkeit zur Distanzierung und zum inneren Abschalten		
Fähigkeit, Anforderungen zu gewichten, Prioritäten zu setzen		
wirkungsvolles Zeitmanagement, gute Arbeits- organisation		
Neinsagen und (unzumutbare) Forderungen zurückweisen		
Delegieren, Zuständigkeiten und Verantwortlichkeiten klären		
Erfahrung, meine Emotionen und Reaktionen kontrollieren zu können		
Gefühl, berufliche Situationen, Ereignisse, Entwicklungen kontrollieren zu können		
Fähigkeit und Bereitschaft zum Lernen und zur Weiterentwicklung		
Übereinstimmung meines eigenen mit dem schulischen Wertsystem		

Externale, interaktive, soziale, materielle Schutzfaktoren Ich erfahre/erlebe ...	trifft zu (0 bis 3)	belastet mich (0 bis 3)
Gestaltungs- und Mitbestimmungsmöglichkeiten bei meiner Arbeit		
Partizipation an Entscheidungen, die mich betreffen		
zu meinen Kompetenzen „passender" Arbeitsplatz und „passende" Anforderungen		
Passung von Arbeitsauftrag und Arbeitsbedingungen		
Anerkennung von Leistung und Erfolg; berufliche Gratifikationen, Wertschätzung		
Akzeptanz und Vertrauen in mich durch Kollegen und Vorgesetzte		
Kooperation auf der Hierarchieebene und zwischen den Hierarchieebenen		
soziale Unterstützung und Verständnis bei Problemen		

Zur Auswertung

▸ Was überwiegt: Risikofaktoren oder Schutzfaktoren?
▸ Welche Risikofaktoren sind stark ausgeprägt?
  Welche Risikofaktoren belasten Sie stark?
▸ Welches sind die wesentlichen Schutzfaktoren?
▸ Wie schätzen Sie Ihre Widerstandkraft ein?
▸ Welche Konsequenzen ziehen Sie aus Ihrem Ergebnis?
▸ Wie können Sie Ihre Situation positiv verändern?
▸ Wer kann dabei helfen?

Entspannung für zwischendurch

Menschen, die ganz bewusst entspannen können, gerade in angespannten Situationen, sind weniger durch Stress bedingte Krankheiten gefährdet. Es gibt sehr bekannte Programme zur körperlichen und mentalen Entspannung, z. B. das autogene Training oder die Progressive Muskelrelaxation (PMR). Beide sind nicht so leicht zu lernen und bedürfen großer Übung bis zur routinemäßigen Anwendung.

Hier werden kleine Übungen vorgeschlagen, die auch ohne größeren Aufwand während des Unterrichts, in Konferenzen, beim Fernsehen usw. Entspannung bringen können.

Unnötige Anspannungen

In aufrechter Haltung oder beim Sitzen sind immer Muskeln unter Spannung; eine vollständige Entspannung ist nur im Liegen möglich, weil man sonst umfällt. Ohne dass wir uns dessen bewusst sind oder es wollen, spannen wir aber auch Muskelpartien an, die wir im Moment nicht brauchen. Wenn wir uns darauf konzentrieren, merken wir, dass wir z. B. die Schultern hochziehen, den Nacken anspannen, Gesichtsmuskeln – insbesondere die Stirn – innervieren, Beine, Arme, Hände verkrampfen, obwohl es momentan dafür eigentlich keinen Anlass gibt. Sicherlich müssen wir unsere Halsmuskeln benutzen, um den Kopf aufrecht zu halten, aber vielleicht ist es im Moment nicht notwendig, den Kopf auch noch anzuheben, nach vorn zu schieben oder schräg zu stellen.

Solche Anspannungen kosten unnötig Energie und schaukeln sich manchmal zu regelrechten Ganzkörper-Verspannungen auf. Wenn es gelingt, überflüssige Muskelarbeit zu vermeiden, macht sich dies als Entspannung wohltuend bemerkbar.

> Halte Dir jeden Tag 30 Minuten für Deine Sorgen frei und in dieser Zeit mache ein Nickerchen.
> A. LINCOLN

Körperkontrolle

Konzentrieren Sie sich nacheinander auf eine bestimmte Körperpartie (etwa die Schultern) oder eine Muskelgruppe (z. B. die Stirn), ob Sie dort eine Anspannung feststellen, die momentan nicht notwendig ist. Wenn Sie eine solche Verspannung spüren, lassen Sie sie los. Registrieren Sie das wohltuende, entspannende Gefühl.

Fangen Sie am besten mit dem Gesicht an: Konzentrieren Sie sich auf Ihr Gesicht – Stirn, Kiefer, Lippen, Kinn, Augenbrauen. Schon während Sie Ihre Aufmerksamkeit darauf richten, können Sie spüren, dass Muskeln plötzlich nachgeben. Versuchen Sie gespannte Muskeln bewusst loszulassen.

Fahren Sie fort mit Hals, Schultern, Händen, Armen, Bauch, auch Gesäß, Beine, Füße. Aber vermeiden Sie, die Antagonisten zu enervieren! Eine verkrampfte Hand sollte locker gelassen, aber nicht gerade, flach gestreckt werden; das fordert unnötig die Strecker-Muskeln.

Ein weiterer Schritt kann die Atmung erreichen. Atmen Sie gerade flach und hektisch anstatt ruhig und tief?

> Je tiefer die Stille, desto höher die Inspiration.
> AUTOR UNBEKANNT

Routinemäßiger Körpercheck

Sie können diesen „Körpercheck" in nahezu jeder Situation durchlaufen und prüfen, wo Sie gerade Energie vergeuden. Mit ein wenig Übung wird dies schnell und unauffällig gehen. Sie sollten es jedoch in Situationen trainieren, wo es „nicht so darauf ankommt", vielleicht beim Fernsehen oder wenn Sie allein am Schreibtisch sitzen oder im Auto fahren. Dann können Sie gewisse Routinen entwickeln, die Ihnen in der Ernstsituation sehr schnell Entspannung bringen.

Vielleicht können Sie sich angewöhnen, zwischendurch immer mal wieder „nachzusehen", was Ihre Muskelgruppen so machen.

Hotspot

Manche erreichen eine nahezu schlagartige Entspannung, wenn sie sich auf einen Punkt am Übergang der Brustwirbel zum Halswirbel konzentrieren. Probieren Sie es aus und finden Sie Ihren persönlichen „Hotspot".

Ärgermanagement

Wie oft ärgern Sie sich? Vielleicht täglich – mal mehr oder weniger intensiv – von leichter Gereiztheit bis hin zum „schwarzen" Ärger – auch über sich selbst – oft über Kleinigkeiten – oft aber auch über wirklich wichtige Dinge, Ungerechtigkeiten, Personen, Provokationen, Ohnmacht ...? Dann wäre dies etwas für Sie!

Was ist Ärger?

Ärger ist ein spontan auftretendes, negatives, aggressiv gefärbtes Gefühl. Es stellt sich ein, wenn wir uns gestört, blockiert, enttäuscht, angegriffen, missachtet usw. fühlen und keine überzeugende Erklärung/Entschuldigung zur Besänftigung finden.

Ärger soll eigentlich die Kampfbereitschaft anstoßen, das Hindernis zu beseitigen. Allerdings verengt er gleichzeitig Aufmerksamkeit, Denken und Handeln, sorgt für Erregung, führt zu Störungen in unserer Interaktion und Kommunikation. Er ist eine besondere Form von Stress, eine Art Selbstbestrafung für das Verhalten anderer Menschen. Eine niedrige Ärgerschwelle und ungünstige Ärgerbewältigung können auf Dauer gesundheitlich schädigen.

Ärger hat auch positive Seiten: Er setzt Energien frei und bereitet auf vielleicht schwierig werdende Ereignisse vor. Er kann ein Signal sein, das uns auf Veränderungsbedarf in unserem Verhalten oder in der Interaktion mit anderen hinweist.

Wer sich ärgert, büßt die Sünden anderer Menschen.
K. ADENAUER

Ärger auf drei Ebenen

Ärger spielt sich hauptsächlich auf drei Ebenen ab: Auf der kognitiv-emotionalen (Gedanken, Bewertungen usw.) und der physiologischen Ebene (Hormone) sowie im Verhalten (Stimme erheben, Weinen). Die Ebenen bedingen einander und bestimmen Intensität, Dauer, Begleiterscheinungen unseres Ärgers und unsere Ärgerbewältigung.

Im Hintergrund von Ärger steht die Interpretation und Bewertung eines Ereignisses als ärgerlich. Ein Gefühlsbündel wird aktiviert, der Körper setzt Stresshormone frei, man neigt zu spontanen Handlungen, die man anschließend möglicherweise bedauert. Manchmal überfällt uns der Ärger zwanghaft, wenn wir in bestimmte Situationen geraten; man kann sich kaum dagegen wehren, denn ein Gefühl unterliegt nicht unmittelbar unserer Kontrolle. Daher lässt Ärger sich auch nicht einfach willentlich abstellen, etwa im Sinne von: „Ich ärgere mich nicht mehr".

Wie können Sie sich „richtig" ärgern?

Gelegentlich ist es ganz authentisch, seinem Ärger freien Lauf zu lassen; es kann jedoch zu gegenseitiger Eskalation führen. Besser ist es meist, trotz Gefühlswallung mit ruhigen – eher unterkühlten – Reaktionen und „Ich-Botschaften" dem Gegenüber eine Chance zu geben, den Ärgeranlass beizulegen. Das bringt Ruhe in Ihr Gefühlsleben und schützt Sie vor nachträglichem Ärger über Ihr Spontanverhalten.

Man muss auf der kognitiven Ebene ansetzen; Emotionen lassen sich nicht unmittelbar ändern. Versuchen Sie, sich eine besänftigende Interpretation der Situationen, die bei Ihnen immer wieder Ärger auslösen, auszudenken. Dabei können Sie systematisch vorgehen, indem Sie sich z. B. fragen:

> Das Ärgerliche am Ärger: Man schadet sich, ohne anderen zu nützen.
> K. TUCHOLSKY

▸ Was ärgert mich da eigentlich?
▸ Warum ärgert mich das?
▸ Was will ich, was ist mein Anspruch?
▸ Lohnt der Ärger sich?
▸ Was ändert es, wenn ich mich ärgere?

Trennen Sie die Fakten von Ihren Vermutungen. Unterscheiden Sie, ob sich das Verhalten eines anderen gegen Sie richtet oder eher Ausdruck seiner eigenen Befindlichkeit ist. Prüfen Sie, wer das Problem hat – und lassen Sie es da. Man muss nicht jede Störung als pädagogische Herausforderung definieren, man kann auch mal „fünf gerade sein" lassen.

Trainieren Sie, sich Handlungsaufschub zu verschaffen und das Ärger auslösende Ereignis später distanzierter zu analysieren:

▸ Was war hier los?
▸ Welches Signal war das?
▸ Was könnte passieren?
▸ Wer muss was tun?

Eine „nüchterne" Betrachtungsweise von Situationen verlangt Übung und Distanz zu sich selbst. Sie vermag aber die Anzahl Ärger auslösender Ereignisse zu reduzieren. Jedoch: alles ganz „cool" zu betrachten, wird nicht gelingen – und sollte es auch nicht.

Es gibt Situationen, in denen kognitives Umstrukturieren nicht gelingt. Wenn man z. B. selbst sehr betroffen ist, und man dennoch seinen Ärger nicht zeigen darf (Emotionsarbeit), um größeren Ärger zu vermeiden oder sein „Gesicht" nicht zu verlieren. Da muss man dann seinen Ärger für den Moment herunterschlucken und ihn später angemessen verarbeiten. Mit sozialer Unterstützung und durch „darüber Reden" gelingt das einfacher und effektiver, als mit sich allein. Der entstehende

Energieüberschuss kann gut durch körperliche Aktivitäten abreagiert werden; anderen helfen Entspannungstechniken oder künstlerische Ausdrucksformen.

 9

Mein persönlicher Ärger

Nehmen Sie sich ein oder zwei häufige Ärgernisse vor und überlegen Sie anhand der Fragen:

▸ Über welche Sachverhalte, Situationen ... ärgere ich mich regelmäßig?

„Jede Stunde Ärger kostet sechzig Minuten Lebensfreude."
O.-M. GRAF

▸ Was ärgert mich an anderen immer wieder?

▸ Warum ärgert mich gerade das?

▸ Wie wichtig ist (mir) das?

▸ Ist der Ärger dem Anlass angemessen?

▸ Ärgere ich mich darüber, dass ich mich ärgere?

▸ Kann ich den Anlass auch anders deuten?

▸ Was erreiche ich mit dem Ärger?

▸ Wozu brauche ich den Ärger?

▸ Was wäre, wenn dieser Ärger nicht mehr auftreten würde?

▸ Wovon hält mich dieser Ärger ab?

▸ Was ärgert mich an mir selbst?

▸ Was könnte ich statt mich zu ärgern auch noch tun?

Komponenten der psychischen Gesundheit 10

Becker (2003) unterscheidet in seinem Strukturmodell der psychischen Gesundheit acht Komponenten:

1. psychisches Wohlbefinden, d.h.
▸ Häufigkeit positiver Gefühle
▸ Seltenheit negativer Gefühle
▸ Selbstakzeptierung
▸ Fähigkeit zur Bedürfnisbefriedigung

2. psychische Kompetenz, d.h.
▸ soziale Kompetenz
▸ kognitive Kompetenz
▸ Stressbewältigungskompetenz
▸ Kompetenz zur Selbstkontrolle

Schätzen Sie diese acht Komponenten jeweils anhand dreier Aspekte ein:
X   so bin ich
○   so möchte ich sein
☐   dieses Ausmaß mindestens braucht meines Erachtens eine Lehrperson, um ihre Aufgaben gut zu bewältigen

Kennzeichnen Sie in den Zahlenleisten (1 = wenig bis 10 = sehr) das jeweils zutreffende Ausmaß mit den entsprechenden Symbolen.

1. Häufigkeit positiver Gefühle

Ich bin eher fröhlich und zuversichtlich, gehe optimistisch an die Dinge heran, kann mich gut nachträglich und im Voraus freuen. Ich gelte als ausgeglichen. Ich kann Gefühle bewusst zulassen, ausdrücken und setze mich erfolgreich damit auseinander.

0 —— 1 —— 2 —— 3 —— 4 —— 5 —— 6 —— 7 —— 8 —— 9 —— 10

2. Seltenheit negativer Gefühle

Ich fühle mich selten unterlegen, verletzt oder zurückgesetzt oder von Aufgaben überfordert, habe relativ wenig Angst und Ärger. Ich leide nicht besonders am Imponiergehabe anderer und hadere nicht übermäßig mit den „Umständen". Ich habe eine ganz gute Frustrationstoleranz.

0 —— 1 —— 2 —— 3 —— 4 —— 5 —— 6 —— 7 —— 8 —— 9 —— 10

3. Selbstakzeptierung

Ich mag mich selbst – auch bei Niederlagen und Konflikten. Ich muss nicht dauernd von anderen geliebt und geachtet werden. Ich bin nicht auf Tageserfolg angewiesen und verliere in kritischen Situationen nicht den Blick dafür, dass es viel Gutes an mir gibt.

0 —— 1 —— 2 —— 3 —— 4 —— 5 —— 6 —— 7 —— 8 —— 9 —— 10

4. Fähigkeit und Praxis zur Bedürfnisbefriedigung

Ich kenne und nutze viele Wege, mir selbst eine Freude zu machen. Ich nehme in Beziehungen die eigenen Bedürfnisse so ernst wie die des Partners. Ich kann aus eigenen Gefühlen und Bedürfnissen entsprechende Konsequenzen ziehen.

0 —— 1 —— 2 —— 3 —— 4 —— 5 —— 6 —— 7 —— 8 —— 9 —— 10

5. Soziale Kompetenzen

Ich kann motivierend loben und motivierend kritisieren. Ich kann eigene und fremde Stimmungen und Betroffenheit verstehen. Ich kann Kritik, Ablehnung, Ärger anderer gut verarbeiten. Ich kann auch unbequeme Wünsche und Ärger ausdrücken, kann nein sagen, kann andere konfrontieren, mich in Freude und Leid anderer einfühlen.

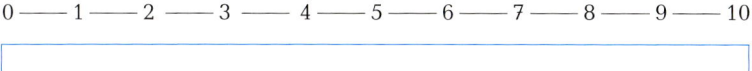

6. Kognitive Kompetenzen

Ich kann auch unter Druck Probleme lösen und verstehe schnell, worauf es ankommt. Ich nehme mir Zeit, Handlungspläne auszuarbeiten oder ein Problem gründlich zu verstehen. Es reizt mich, mich auf neue Aufgaben einzulassen, und ich überfordere mich meistens nicht.

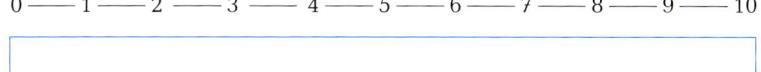

7. Stressbewältigungskompetenzen

Ich kann Niederlagen verarbeiten. Ich kann eigene Gefühle nach Intensität und Qualität regulieren. Ich kann Misserfolge aushalten und Stress bewältigen; so leicht wirft mich nichts um. Negative Ereignisse kann ich abhaken und Unveränderbares ertragen. Ich kann realistisch meine Zeit planen.

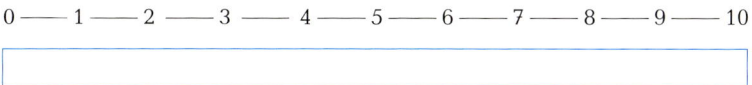

8. Selbstkontrolle

Ich habe Selbstvertrauen, setze mir realistische Ziele, die ich meist erreiche. Ich kann mich auch ohne Lust zu Pflichtaufgaben motivieren. Ich bin es gewohnt, mein Erleben und Verhalten nach eigenen Gütestandards selbst zu kontrollieren und habe jemanden, der mir in kritischen Situationen Rückmeldung gibt oder hilft, meine Ziele zu überprüfen bzw. zu erreichen.

0 —— 1 —— 2 —— 3 —— 4 —— 5 —— 6 —— 7 —— 8 —— 9 —— 10

Ihr Ergebnis   Summen: X =   O =   □ =

Vertiefende Fragen zur Auswertung

▸ Wie verhalten sich Wunsch und Wirklichkeit bei Ihnen?
(Abstände zwischen X und ○)

▸ Wie weit sind Sie von Ihrem eigenen Lehrerbild entfernt?
(Abstände zwischen X und □)

▸ Gibt es Bedingungen in Ihrem privaten und/oder beruflichen Umfeld, die diese Differenzen bewirken?

▸ Finden Sie die Differenzen belastend? Leiden Sie darunter?

▸ Haben Sie schon etwas unternommen, um die Diskrepanzen zu verringern?

▸ Haben Sie Gelegenheit, sich mit einer vertrauten Person darüber auszutauschen, z. B. in einer Supervisionsgruppe?

▸ Welche Möglichkeiten wurden Ihnen bisher geboten und welche haben Sie selbst gesucht und genutzt, etwas für Ihre psychische Gesundheit zu tun?

Schauen Sie mal im Internet unter www.emometer.emoforsch.de - health

(Nach einer Idee von Sieland)

Was Sie über Belastungen und Stress wissen sollten

Stresssituationen sind normal

Normalerweise fühlen wir uns den meisten Ereignissen im beruflichen und privaten Bereich gewachsen. Im Vertrauen auf unsere Fähigkeiten, Erfahrungen und Routinen agieren und reagieren wir professionell, so dass sich die Frage nach Stress gar nicht erst stellt. Vielfach erleben wir neue Situationen auch als reizvolle Abwechslung und Erprobung unserer Kompetenzen.

Jeder kennt aber auch Situationen, für die er keine angemessenen Verhaltensweisen parat hat. Die Gründe dafür können vielfältig sein: Sei es wegen ihrer Unvorhersehbarkeit („Es hat mich kalt erwischt") oder weil z. B. Abhängigkeitsverhältnisse (Schulleitung, Schüler) oder Rücksicht auf persönliche Beziehungen bestimmte Reaktionen nicht zulassen, weil sie eine schwache Stelle treffen oder weil Wissen und Können für eine befriedigende Bewältigung nicht ausreichen.

Schlucken müssen alle, aber nicht alles.
M. HINRICH

Manche Ereignisse besitzen auch aus sich selbst heraus Stressqualitäten, z. B. durch Intensität, Häufigkeit, Menge, Dauer, Monotonie, Vielfalt, Intransparenz u. ä.

Ereignisse und Gedanken können zu Stressoren werden

Potenziell können alle äußeren Ereignisse und inneren Zustände zu psychischer Belastung und zu psychischem Stress werden: Gedanken, Empfindungen, auch unsere Ansprüche an uns selbst (innere Antreiber: „Ich muss unbedingt …"), unsere Ängste und Fantasien („Was denkt XY über mich; was passiert wenn …"), Ärger über uns selbst und andere.

Dabei ist Selbstaufmerksamkeit gefragt: Oftmals entwickelt sich ein Stresszustand schleichend, unterhalb der bewussten Wahrnehmung, bis er zum Zusammenbruch führt. Auch wenn Stress zum Dauerzustand wird und man sich daran gewöhnt, werden leicht Alarmsignale überhört oder weggeschoben und drängen nicht mehr zu Veränderungen im eigenen Verhalten oder der Arbeitsbedingungen. Deswegen ist es gelegentlich hilfreich, die persönliche Stressbelastung mit Hilfe eines Stresstests zu prüfen (z. B. IEGL, TKK).

Herausforderung oder Bedrohung?

Erst die Art und Weise, wie wir solche Ereignisse wahrnehmen und erleben, wie wir uns mit ihnen auseinandersetzen, welche (Be-)Deutung wir ihnen verleihen, geben ihnen nach Selye den Charakter von Bedrohung, Belastung (Dysstress) – oder von Freude, Ansporn, Herausforderung (Eustress). Dabei vergleichen wir – wie schon beschrieben (S. 14 ff.) – die Anforderungen mit unseren emotionalen, körperlichen, geistigen Voraussetzungen und momentanen Zuständen.

Menschen werden von denselben äußeren Umständen unterschiedlich beansprucht – und dieselben Ereignisse beanspruchen dieselben Menschen zu verschiedenen Zeiten und Zuständen unterschiedlich. Was für den einen eine Katastrophe darstellt, empfindet ein anderer als reizvolle Aufgabe oder es berührt ihn gar nicht. Einer benötigt Zeitdruck, um aktiv zu werden, andere werden unter Zeitdruck hektisch und konfus; mal stört uns Radiomusik, mal empfinden wir sie als entspannend. Insofern haben wir es in der Regel selbst in der Hand, was wir als Belastung und Stress erleben und wie stark wir dies zulassen.

Erstverhalten und Stress

Nur selten sind wir Stresssituationen hilflos ausgeliefert, selbst wenn wir vielfach vom ersten Eindruck emotional überwältigt werden. Bevor Gefühle von Angst, Panik, Wut, Ärger aufkommen und zusammen mit Selbstvorwürfen und Schuldzuweisungen Stress auslösen, empfiehlt es sich, einen „kühlen Kopf" zu bewahren. Ereignisse sind in der Regel nicht eindeutig, auch wenn wir davon im jeweiligen Moment sehr stark subjektiv überzeugt sind; meist sind mehrere Deutungen und Wahrnehmungen möglich. Mit der mentalen Technik des *Reframing* kann es gelingen, ein Ereignis in einen positiven Rahmen/Kontext zu stellen, sodass es nicht mehr negativ besetzt ist. Dann können wir anders reagieren und andere Verhaltensweisen aktivieren.

Allerdings stellen sich bei Ereignissen, denen wir uns nicht gewachsen fühlen, schnell Stressreaktionen ein. Je nach individueller Konstitution bestehen diese kurzfristig in vegetativen (z.B. Herzklopfen), motorischen (z.B. Zittern), emotionalen (z.B. Ärger, Wut, Angst) oder kognitiven (z.B. Konfusion, Denkblockaden) Begleiterscheinungen. Solche Erst-Reaktionen lassen sich nicht „verbieten", sie können allenfalls durch bestimmte Methoden „gedämpft" werden. Man kann sich z.B. nicht einfach vornehmen, sich nicht aufzuregen, wenn man ein Ereignis oder Verhalten als höchst störend empfindet.

Es dient der Stressreduzierung, an seiner spontanen Interpretation zu arbeiten und sich klärende, distanzierende Fragen zu stellen (siehe auch S. 40f.):

▸ Um wessen Problem (X) handelt es sich hier eigentlich?
▸ Betrifft mich X überhaupt? Geht mich X etwas an? *Kann* ich, *muss* ich,

Alles ist richtig, auch das Gegenteil.
K. TUCHOLSKY

will ich X lösen/bewältigen oder darauf reagieren? (Für Lehrer ist es manchmal schwer zu akzeptieren, nicht helfen, raten, kommentieren zu müssen.)

▸ Wer sonst kann helfen, unterstützen, beraten?
▸ Was passiert, wenn …

Mit Hilfe solcher Überlegungen kann in vielen Fällen eine entspannende Betrachtung der Ereignisse, Erwartungen und Situationen stattfinden und Handlungsaufschub und Abstand gewonnen werden. Ein weiteres Hilfsmittel sind z. B. die „Filterkompetenzen" (S. 65f.).

Bewältigungsstrategien

Nicht alle Ereignisse lassen sich auf stressfreier Distanz halten: „Stress happens!" Kurzfristig ist das in der Regel auch kein gesundheitliches Problem. Unter Dauerbelastung kann es allerdings langfristig zu Erschöpfung, psychosomatischen und psychischen Beschwerden und Erkrankungen kommen.

> Der Kopf ist rund, damit das Denken die Richtung wechseln kann.
> F. PICABIA

Menschen unterscheiden sich sehr darin, wie sie stresshaltige Sach- und Beziehungsstörungen verarbeiten und bewältigen. Die einen gehen offensiv auf die Quelle zu und versuchen, die Störung zu beseitigen. Andere reagieren mit Wut, Ärger, Angst. Dritte suchen die Schuld für die Störung bei sich und ziehen sich zurück oder versuchen, sie ganz zu ignorieren; die Bewältigungsformen sind zahlreich.

Für die kurz- und langfristige Auseinandersetzung mit dem Stress auslösenden Ereignis steht ein breites Repertoire zur Verfügung. Es lässt sich mit aller Vorsicht unterteilen in eher konstruktive, gesundheitsdienliche und eher schädigende Bewältigungsweisen, die zumindest bei längerfristiger Anwendung die Belastungsbilanz noch verschlechtern.

Beispiele für eher selbstschädigende Strategien zur Bewältigung von Konflikten, Belastungen und Stress sind

▸ Bagatellisieren, „Saure-Trauben-Reaktion"
▸ Leugnen, nicht Wahrhaben, Verdrängen, Ablenkung suchen, Warten auf ein Wunder, Selbstbeschuldigung, Selbstmitleid, Selbstbestätigung, Selbstprophezeihung (Ich hab's gewusst …), Resignieren
▸ reflexhafte Schuldzuweisung an andere
▸ Ersatzbefriedigung (Essen, Trinken …)
▸ aus dem Weg gehen, Flucht, soziale Abkapselung
▸ gedankliche Weiterbeschäftigung, Grübeln, in sich Hineinfressen
▸ Aggression, Ärger, Wut
▸ Drogen, Medikamente, Alkohol

Wie so oft gilt auch hier die ⌒-Funktion der mittleren Dosierung. Zu wenig *und* zu viel Bagatellisierung z. B. ist kontraproduktiv; nicht jede Kritik muss zu einer grundlegenden Reflexion führen, aber permanentes Ignorieren wird Nachteile für die Person selbst, ihr soziales Umfeld und ihre Arbeitsleistung zeitigen.

Neben diesen bedenklichen Bewältigungsstrategien gibt es eine große Zahl von Reaktionsmöglichkeiten, die langfristig eher gesundheitsdienlich wirken. Es ist hilfreich, über mehrere Formen der Bewältigung zu verfügen und sie situationsgerecht benutzen zu können. Aber bedenken Sie: Nicht alle Bewältigungsformen sind zu jeder Zeit und in jeder Situation angemessen und sinnvoll. Es hängt u. a. ab von

▸ der eigenen momentanen Kondition
▸ der eigenen Funktion und der Stellung des anderen
▸ weiteren beteiligten Personen
▸ der Bedeutsamkeit des Ereignisses
▸ dem Gefährdungspotenzial
▸ der Einschätzung der Folgewirkungen
▸ dem Zeitpunkt

Im Lehrerberuf kommt eine weitere Erschwerung dazu: Sie müssen sich manchmal von Berufs wegen in Sachverhalte und Interaktionen einmischen, d. h. sich Stress und Belastung zumuten, obwohl Sie selbst als Person nicht involviert sind, z. B. wenn Schüler untereinander Gewalt anwenden oder in psychische Notlagen geraten. Mit Hilfe der Auswahl an Bewältigungsstrategien kann man sich auf solche Situationen vorbereiten. Auch hier gilt die Regel von der mittleren Dosierung: Wer sich um alles kümmert, wird ebenso in Stress geraten wie jemand, der sich von nichts betroffen fühlt – nur anders.

Die nachfolgende Checkliste enthält *konstruktiv-mentale* und *konstruktiv-handelnde* Verarbeitungsformen. Sie können Ihre eigenen Strategien damit vergleichen und sich anregen lassen, nach Alternativen für sich zu suchen und prüfen, wo Sie nachbessern sollten.

Pädagogengebet
Gib mir die Gelassenheit, Dinge hinzunehmen, die ich nicht ändern kann;
den Mut, Dinge zu ändern, die ich ändern kann;
und die Weisheit, das eine vom anderen zu unterscheiden.

Langfristige gesundheitsdienliche Stress- und Belastungsverarbeitung

 11

Möglichkeiten für langfristig gesundheitsdienliche Stress- und Belastungsverarbeitung	eigener Kommentar
Rationale Problemanalyse: Suche nach Verstehbarkeit/ Sinnhaftigkeit belastender Ereignisse (*Kohärenz*)	
Perspektivenwechsel: Positive Neubewertung der Situation (Reframing); Konflikt als Krise/Chance	
Selbst-, Emotionskontrolle (z. B. durch Entspannung), inneres Sprechen, positive Selbstinstruktion („ich schaffe das")	
Akzeptieren von Unvermeidbarem; kein Kampf gegen Windmühlen	
Fehlertoleranz gegenüber sich selbst und anderen	
Eigenes Verhalten und Einstellung zum Beruf/Arbeit reflektieren; Engagement/Selbstverpflichtung erhöhen oder reduzieren	
Ansprüche an sich/andere realistisch relativieren	
Stärke, Widerstandsfähigkeit gegen äußere Einflüsse entwickeln („hart im Nehmen" werden)	
Kompetenzen, Ressourcen, Energien für die Bewältigung mobilisieren, erwerben, anwenden	
Neue Handlungsmöglichkeiten aufschließen, neues Verhalten erproben	
Auseinandersetzung, Klärung/Gespräch suchen, gegebenenfalls am runden Tisch mit Schlichter/Moderator	
Sozialen Rückhalt und Bestätigung suchen: emotional, fachlich, praktisch unterstützend; auch mental. Gemeinsame soziale Realität, Werte, Normen, Ziele ...; instrumentelle und materielle Hilfe suchen/annehmen ...	
Kontrolle und Mitbestimmung über belastende Situationen und Arbeitsbedingungen anstreben	
Lösungsorientierten, planvollen Arbeitsstil entwickeln, delegieren, Zeit planen	
Umgestaltung der Lebens-/Arbeitssituation, Wechsel/Neu-organisation des Lebensraumes bzw. Arbeitsfeldes/Arbeitsplatzes	

12

Pflegen Sie etwa Ihren Stress?

Die folgende Liste enthält Aussagen, die etwas mit der eigenen Stressanfälligkeit zu tun haben. Manchmal verstärken wir durch unseren Umgang mit Ereignissen den Stress, ohne es zu merken. Hier können Sie prüfen, ob das auch für Sie zutrifft. Nehmen Sie die Antwort, die dem „Normalfall" entspricht.

Stresspflege?	nie	kommt vor	oft	immer
Ich ärgere mich über mich selbst, wenn mir etwas nicht gelingt.	1	2	3	4
Ich behalte meine Probleme, Sorgen, Ängste für mich, bis es aus mir herausbricht.	1	2	3	4
In schwierigen Situationen verlässt mich mein Humor.	1	2	3	4
Ich reagiere hektisch, ohne einen Überblick über die Situation zu haben.	1	2	3	4
Ich bemerke negative Verhaltensweisen bei mir, wenn ich mich unter Druck fühle.	1	2	3	4
Ich konzentriere mich eher auf negative Aspekte in meinem Leben als auf positive.	1	2	3	4
Ich neige dazu, über Vergangenes nachzugrübeln.	1	2	3	4
Ich fühle mich in neuen, ungewohnten Situationen unwohl.	1	2	3	4
Ich erlebe die Rolle, die ich in meiner Organisation spiele, als bedeutungslos.	1	2	3	4
Neue Anforderungen machen mir Angst, ihnen nicht zu genügen.	1	2	3	4
Ich muss zu den meisten Terminen hetzen, um nicht zu spät zu kommen.	1	2	3	4
Wenn etwas nicht so läuft, wie ich es erwarte, werde ich nervös und ärgerlich.	1	2	3	4
Anzahl				

Übertrag				
Ich neige dazu, Probleme anderer lösen zu wollen.	1	2	3	4
Es belastet mich, wenn ich meine eigenen Ansprüche an mich selbst nicht erfülle.	1	2	3	4
Ich habe ein schlechtes Gewissen, wenn ich mich hinsetze und eine Stunde nichts mache.	1	2	3	4
Ich fühle mich gehetzt, auch wenn ich nicht unter Druck stehe.	1	2	3	4
Statt Pausen zu machen, arbeite ich lieber durch.	1	2	3	4
Ich werde ärgerlich, wenn man mich über Gebühr warten lässt.	1	2	3	4
Dummen Bemerkungen mir gegenüber bin ich hilflos ausgeliefert.	1	2	3	4
Ich übernehme mehr Aufgaben als ich bewältigen kann.	1	2	3	4
Ich mache lieber meine eigenen Erfahrungen, als Rat und Hilfe zu suchen bzw. anzunehmen.	1	2	3	4
Ich ignoriere meine eigenen physischen Grenzen.	1	2	3	4
Ich nehme Aufgaben in Angriff, bevor ich sie sorgfältig durchdacht habe.	1	2	3	4
Meiner Meinung nach ungerechtfertigte Vorwürfe machen mich ganz fertig.	1	2	3	4
Es ist mir peinlich zuzugeben, wenn ich mich mit Arbeit überfordert fühle.	1	2	3	4
Ich suche in Äußerungen schnell nach Vorwürfen oder Kritik.	1	2	3	4
Ich mache oft mehrere Dinge gleichzeitig.	1	2	3	4
Ich vermeide es, Arbeit an andere zu delegieren.	1	2	3	4
Anzahl				

Übertrag				
Mein Arbeitsleben hat Priorität vor meinem Familien- und Privatleben.	1	2	3	4
Trotz Arbeitsbelastung beginne ich Arbeiten, noch bevor ich sie nach Prioritäten sortiert habe.	1	2	3	4
Es bedrückt mich längere Zeit, wenn ich Erwartungen anderer nicht erfülle.	1	2	3	4
Ich denke, dass ich zu sehr belastet bin.	1	2	3	4
Ich werde ungeduldig, wenn etwas nicht sofort geschieht oder andere sich ungeschickt anstellen.	1	2	3	4
Ich finde es schlimm, wenn man in meiner Arbeit Fehler findet.	1	2	3	4
Es fällt mir schwer, anderen kritische Rückmeldungen zu geben.	1	2	3	4
Kritik an meiner Arbeit geht mir nah und beschäftigt mich lange Zeit.	1	2	3	4
In schwierigen beruflichen, sozialen … Situationen suche ich die Schuld bei mir.	1	2	3	4
Ich bin empfänglich für „versteckte Appelle" („Es müsste mal jemand").	1	2	3	4
Fremden gegenüber bin ich unsicher.	1	2	3	4
Ich finde es schwierig, Forderungen und Bitten abzulehnen.	1	2	3	4
Gesamt-Anzahl				
Summen (Anzahl x Wert (1-4))				
Gesamt				

(Nach einer Idee von Hindle 1998)

Auswertung der Ergebnisse

Die Zustimmung „oft" oder „immer" zu einer Aussage muss noch nicht auf Stressoren hinweisen, genau so wenig, wie ein „nie" automatisch ein Schutz vor Stress ist. Entscheidend ist, wie Sie Ihre Antworten im Vergleich zu Ihrem Wertesystem und Ihren Prioritäten einordnen: Der Verstoß gegen Lebensmaximen, „innere Antreiber" und Leitgedanken kann ebenso Stress auslösende Wirkung haben, wie der ständige Versuch, ihnen zu entsprechen; und wer sich nie über sich selbst ärgert, leidet unter mangelnder Selbstkritik, was unter sozialen und kommunikativen Aspekten ebenfalls Stress bewirken kann.

Die folgenden Anmerkungen können Ihnen – mit aller Vorsicht – eine Orientierung geben, sofern Ihr Antwortprofil ausgeglichen ist. Bei einem Gesamtergebnis, das aus vielen Extremantworten (1 und 4) besteht, können diese Beschreibungen allerdings wenig zutreffen.

40 bis 80

Sie schätzen sich selbst als ziemlich stressresistent ein und schützen sich vor Stress. Prüfen Sie anhand Ihrer Angaben, ob Kritik und Beunruhigungen sie überhaupt noch erreichen oder ob Sie sich Ihrer selbst allzu sicher sind – und dadurch anderen Stress machen.

81 bis 120

Sie verfügen noch ausreichend über Filter gegen Stressoren, sind aber gefährdet, viele potenziell Stress auslösende Ereignisse nicht abwehren zu können. Versuchen Sie, Kompetenzen im Umgang mit sich, mit Ihrer Arbeit und mit Ihrem sozialen Umfeld zu verstärken, die Ihnen Widerstand gegen Beunruhigung und Sorgen ermöglichen. Hinweise dazu können Sie Ihren eigenen Antworten entnehmen. Wer könnte Ihnen Modell dafür sein; wer dabei helfen?

121 bis 160

Ihre Stressanfälligkeit ist zu hoch: Sie empfinden zu vieles als Bedrohung und sollten die Ansprüche an sich selbst überprüfen. Es empfiehlt sich für Sie, neue Strategien zu entwickeln, um Stressoren etwas entgegensetzen zu können. Erwägen Sie, fremde Hilfe zu suchen?

13

Stress auslösende „Immer-wenn-dann-Zusammenhänge"

Vielfach entwickeln sich feste kognitiv-emotionale Beziehungen zwischen bestimmten Situationen und dem Empfinden von Belastung und Stress, z. B.:

▸ Immer wenn ich Pausenaufsicht habe, bekomme ich Beklemmungen.
▸ Immer wenn ich eine Konferenz leiten muss, spüre ich Verkrampfungen im Magen.
▸ Immer wenn ich aggressive Schüler erlebe, werde ich selbst aggressiv – und hinterher ärgere ich mich!
▸ Jeden Elternabend empfinde ich als existenzielle Bedrohung.

> Wer ständig über seinen Sorgen brütet, dem schlüpfen sie auch aus.
> VOLKSWEISHEIT

Manchmal reicht es schon, sich eine Situation nur vorzustellen, um die Empfindungen auszulösen, z. B.

▸ Sonntagabend: Ich denke an die Schule morgen, an den Montagvormittag, an die drei Stunden in der Klasse X ...
▸ beklemmende Fragen: Was werden die wieder anstellen? Wie komme ich zurecht? Was mache ich mit den Frechheiten und dem Desinteresse der Schüler? Was mache ich, wenn Schüler X wieder ...
▸ meine Gefühle: Angst, Unbehagen, fast Lähmung, ... Druck im Magen, Übelkeit; ich kann nichts essen ...
▸ mein Wunsch: Am liebsten würde ich zum Hörer greifen und mich krankmelden. Ich möchte aussteigen, weglaufen, alles hinter mir lassen ...

Schreiben Sie Ihre belastende „Stresskette" auf:

1. Ereignis/Situation ...
2. Ihre Belastung/Angst ...
3. Ihre seelisch-körperliche Reaktion
4. Ihr Wunsch

Empfehlung

Suchen Sie zunächst nach positiven gedanklichen Alternativen zu Ihren Befürchtungen und zu Ihren üblichen Reaktionen (Filterkompetenzen, Reframing). Vielleicht hilft es, sich jemand vorzustellen, der mit einer solchen Situation gut umgehen könnte; was macht der anders, wie denkt der darüber ...

Welches andere Verhalten könnten Sie aktivieren, wie könnten Sie anders über die Situation denken? Z. B. „Wer weiß, was die am Wochenende wieder zu Hause ... erlebt haben. Ich muss die erst mal da abholen, sonst komme ich an die nicht ran ...".

Wie ändern sich damit Ihre Emotionen und Wünsche? Welche Möglichkeiten eröffnen sich?

Hilfreiche „Filterkompetenzen" zur Stressvermeidung 14

Gelassenheit und innere Distanz, gepaart mit einer Wahrnehmung, die für mehrere Deutungsmöglichkeiten offen ist, helfen, auch schwierige Situationen zu deeskalieren und eine entlastende Sicht der Störung oder des Konfliktes zu gewinnen. Verschiedene Filterkompetenzen können dies unterstützen. Prüfen Sie, in welchem Maß Sie in schwierigen Situationen Stressfaktoren neutralisieren können. Vielleicht lohnt es, sich die ein oder andere „Filterkompetenz" anzueignen und zu trainieren. Eine gute Möglichkeit dafür bilden z. B. Supervisionsgruppen oder die Lernmethode KESS (Sieland/Heyse 2010).

Hilfreiche „Filterkompetenzen" zur Stressvermeidung	kann ich	gelingt mir nicht	sollte ich probieren
Problembesitz klären: Das Problem da lassen, wo es hingehört: Angehörige sozialer Berufe neigen dazu, sich Probleme anderer zu eigen zu machen und sich für die Lösung verantwortlich zu fühlen – statt anderen dabei zu helfen, ihr Problem selbst zu bearbeiten oder zu lösen.			
Perspektive wechseln: Eine Situation in einen anderen Kontext stellen (*„Reframing"*). Ereignisse lassen – insbesondere aus der Sicht des Gegenübers – meist auch eine andere Interpretation zu – und damit andere Gefühle und Reaktionen.			
Überblick behalten: Erst handeln, wenn der erste Impuls zu spontaner, emotionaler oder unüberlegter Reaktion vorbei ist.			
Systemisch denken: Die meisten Ereignisse sind komplizierter, als man im ersten Moment erfassen kann. Denken in „entweder-oder" oder „schwarz-weiß" oder „wenn-dann" erzeugt Druck, führt zu Verengungen oder Scheinalternativen und verliert die Zusammenhänge aus dem Blick.			
Auf sich selbst vertrauen: Wer sich seiner sicher ist, sich auf seine Fähigkeiten verlassen kann, ist eher in der Lage, in potenziell Stress auslösenden Situationen souverän zu reagieren. Dazu bedarf es der ständigen persönlichen und professionellen Weiterentwicklung.			

	kann ich	gelingt mir nicht	sollte ich probieren
Innere Antreiber kontrollieren: Unsere – meist nicht bewussten – Lebensmaximen (z. B. „Ich muss es allen recht machen") haben enormen Einfluss auf unsere Gedanken und Fantasien und bestimmen unser soziales Verhalten; sie machen auch sehr verletzlich. Wer jede Störung im Unterricht als pädagogische Herausforderung oder Bedrohung seiner Lehrerkompetenz interpretiert, macht sich das Leben noch schwerer.			
Unzumutbare Forderungen abwehren – *Nein sagen*: Die eigenen Kräfte einschätzen und die Grenzen der Kompetenzen und Belastbarkeit abstecken zu können, schützt vor (Selbst-) Überforderung, die mit Belastung und Stress einhergeht. Niemand kann alle Erwartungen erfüllen.			
Grenzen setzen: Man kann – z. B. in Supervisionsgruppen – lernen, Grenzüberschreitungen von Personen, die die eigene körperliche und psychische Unversehrtheit bedrohen, verbal abzuwehren.			
„Vielseitig" wahrnehmen und kommunizieren: Wer in jeder Äußerung vor allem auf die Beziehungsbotschaft hört, wer für Appelle übersensibel ist, wer seine eigenen Gefühle und Bedürfnisse nicht in Ich-Botschaften übersetzen kann, ist anfälliger für Stress. „Dumme Bemerkungen" können mehr über den „Sender" selbst aussagen als sie an Appell oder Sachmitteilung enthalten.			
Meta-Kommunikation: Oftmals ist es entlastend, auf eine Äußerung nicht direkt einzugehen, sondern auf eine andere kommunikative Ebene zu wechseln, z. B. auf den Vorwurf: „Da haben Sie mal wieder ...!" – mit der Reaktion: „Es ist immer erfrischend, wie direkt Sie Ihre Meinung sagen". Auch Humor, aktives Zuhören oder Schlagfertigkeit können diese Wirkung haben und Situationen entspannen.			

	kann ich	gelingt mir nicht	sollte ich probieren
Positiv mit sich selbst sprechen: Positive, ermutigende Selbstge-spräche, eine realistisch-optimistische Grundhaltung und Vertrauen in die Selbst-Wirksamkeit können Energie bringen. Wer sich hingegen durch destruktive Selbstgespräche selbst bemitleidet und „ins Leid redet" („das schaffe ich nie; warum ausgerechnet ich ...") erhöht bei sich selbst Belastung und Stress.			
Humor einsetzen: Humor kann Unvereinbarkeiten (Konflikte, Ambivalenzen, Unsicherheiten, Ängste und Widersprüche) spielerisch auf eine „Metaebene" bringen, verfremden und witzig auflösen – und manchmal kann Humor wieder ein wenig Lust herbeizaubern.			
Sich selbst nicht so wichtig nehmen: Wenn Sie alle Bemerkungen, Andeutungen, Verhaltensweisen von Kolleginnen und Kollegen auf sich beziehen und gleichzeitig peinlich darauf achten, dass keine – auch humorvolle – negative Äußerungen gegen oder über Sie gemacht werden, haben Sie an vielen Fronten zu kämpfen.			
Ereignisse zeitlich und mental vorplanen („Stressimpfung"): Erwartbare schwierige Situationen lassen sich mental vorher durchspielen und reflektieren, sodass der Überraschungseffekt verringert wird und die eigenen Reaktionen kalkuliert und gezielt erfolgen können. (Wenn XY wieder das tut/sagt ..., dann ...)			
Manchmal schützt auch visuelles und auditives Abschalten vor Belastung und Stress.			
...			

15

Meine Stressbewältigung verändern

Checkliste Bewältigungsformen	sollte ich mehr machen	sollte ich weniger machen
persönliche Zeitplanung verändern		
eigene Perfektionsansprüche relativieren		
das WOLLEN dem KÖNNEN und GELINGEN anpassen		
persönliche/berufliche Prioritäten definieren		
Engagement, Identifikation überdenken		
umbewerten, Reframing		
ermutigende Selbstgespräche		
Rollenübernahme von Modell-Personen		
relativieren, Vergleich mit anderen		
akzeptieren, was unvermeidbar ist		
Genießen lernen		
für ein positives Selbstbild sorgen		
verdrängen		
Bagatellisierung („Das ist doch alles halb so schlimm!")		
Einnahme von Psychopharmaka		
Ablenkungsversuche (z. B. Essen, Fernsehen)		
schreien, schimpfen, weinen		
Selbstabwertung, Selbstmitleid („Ich verdiene es nicht besser")		
grübeln		
sich auf die Lippen beißen, den Ärger hinunterschlucken, Gefühle verbergen		
Klärungsgespräche führen (Rollen, Aufgaben, Emotionen ...)		
Arbeitsaufgaben delegieren		
„Neinsagen"		

fachliche Kompetenzen erweitern		
Problemlösungen systematisieren		
nach sozialer Unterstützung suchen, Freundschaften pflegen		
joggen		
aus dem Weg gehen, vermeiden		
Entspannungsübungen machen		
einem Hobby nachgehen		
neue Energiequellen aufschließen		
berufliche Gestaltungsspielräume erweitern (Selbstwirksamkeit)		
Arbeitsabläufe umstrukturieren		
Verantwortlichkeit überprüfen		
optimistisches Weltbild aufbauen (Wasserglas)		
für berufliche Befriedigung sorgen; Sinngebung		
...		

Ergänzen Sie gegebenenfalls die Tabellen nach Ihren persönlichen Erfahrungen. Suchen Sie sich zwei Verhaltensweisen aus, die Sie mehr/weniger praktizieren wollen. Finden Sie Gleichgesinnte und gründen Sie eine KESS-Gruppe (Sieland/ Heyse 2010).

Zeitmanagement – Prinzipien der Zeitplanung

Nicht wenige Lehrkräfte leiden darunter, dass ihre Arbeitszeit weder räumlich noch zeitlich deutlich von der Freizeit getrennt ist. Sie fühlen sich hin- und hergerissen zwischen beruflichen und häuslichen Pflichten und haben den Eindruck, nie so richtig fertig zu werden. Nicht zuletzt deshalb, weil der Bildungs- und Erziehungsauftrag nach „oben offen" ist, nie wirklich abgeschlossen und erledigt.

Auch wenn sich in anderen Berufsfeldern ab einem gewissen Gehalts- und Verantwortungsniveau die Arbeits- und Dienstzeit ebenfalls nicht mit der Stechuhr abgrenzen lässt, kann die freie Gestaltungsmöglichkeit der außerunterrichtlichen Arbeit im Lehrerberuf durchaus belastend sein. Da kann ein kluges, auf die persönliche Situation zugeschnittenes Zeitmanagement gesundheitsförderlich wirken. Dazu hier einige allgemeine Hinweise, bevor Sie sich mit den Arbeitshilfen befassen.

1. Versuchen Sie, Ihre Arbeitsaufgaben inhaltlich tages- und wochenweise vorzuplanen, inklusive der jeweils voraussichtlich benötigten Zeit. Es empfiehlt sich, im ersten Durchgang nur 60 Prozent der verfügbaren Zeit fest zu verplanen. Rechnen Sie mit 20 Prozent für Unvorhergesehenes oder mit unverhofften Schwierigkeiten und Zeitverzögerungen und mit weiteren 20 Prozent als Reserve für spontane Aktivitäten, auf die man plötzlich Lust bekommt. Dann sind Sie nicht ständig in der Gefahr, wegen unerwarteter Ereignisse Aufgaben verschieben zu müssen oder in stressigen Zeitdruck zu geraten.

2. Lassen Sie sich nicht von der Tyrannei des Dringlichen beherrschen. Dringlichkeit ist sehr relativ – und in der langfristigen Zeitperspektive vielleicht gar nicht so bedeutsam. Aber das vermeintlich Dringliche raubt uns vielfach die Energie für das wirklich Wichtige, Normale und Angenehme.

Dabei kann hilfreich sein, sich an das sogenannte „Pareto-Prinzip" zu halten. Es besagt als Faustregel grob, dass vielfach mit 20 Prozent des Aufwands 80 Prozent des Ertrages erreicht werden. Angewendet aufs Zeitmanagement: Mit den ersten 20 Prozent der für die vollständige Erledigung einer Aufgabe notwendigen Zeit lassen sich bereits 80 Prozent des Endergebnisses erledigen. Für den „Feinschliff", die restlichen 20 Prozent, also die „perfekte" Ausführug, muss dann – so diese Regel – verhältnismäßig viel mehr Zeit eingesetzt werden. Das lässt sich an vielen Alltagsarbeiten nachvollziehen – beim Putzen, Rasenmähen, Kochen, Korrigieren.

Perfektion kostet Zeit – aber muss alles immer perfekt sein?
SPRICHWORT

3. Es besteht ein Zusammenhang zwischen dem Zeitbedarf für eine Aufgabe und den Kompetenzen, die Sie dafür haben, sowie den Emotionen, die Sie mit der Arbeit verbinden. Manchmal stürzt man sich in eine eigentlich nebensächliche Aufgabe und verliert sich darin, weil man sie gut kann oder gern macht oder vor einer anderen Arbeit flieht. Sich diesen Zusammenhang klar zu machen, kann manches Zeitproblem auflösen.

4. Gönnen Sie sich Pausen, Entspannung und Erholung während Sie im Stress sind. Sagen Sie nicht: „Wenn ich alles hinter mir habe, dann gehe ich wieder mal ins Kino, Theater, Essen, Fitnessstudio ….". Sie brauchen Rekreation in der Stresssituation selbst, damit der Stress Sie nicht auffrisst. Dann können Sie mit frischer Energie effektiver weiterarbeiten.

Zeit bekommt man nicht, man muss sie sich nehmen.
SPRICHWORT

Wofür verwende ich eigentlich meine Zeit?

 16

Hier können Sie sich Rechenschaft über Ihre Zeitverwendung ablegen. Das folgende Schema eignet sich auch zur Vorplanung. Dazu tragen Sie in Minuten in die Felder der Tabelle ein, womit und wie Sie Ihre Zeit nutzen. Zur Kennzeichnung können folgende Kürzel dienen:

SU   Arbeit in der Schule, für Schule und Unterricht
HA   Hausarbeit, Familienpflichten (z. B. Hausaufgabenbetreuung,
     Fahrdienste für Kinder), Besorgungen
ÖT   Öffentliche, gesellschaftliche Tätigkeiten, Nebentätigkeiten
     (Politik, Berufsverband, Verein, Kirche)
R   Regeneration, Freizeit, Hobby, Sport, Fernsehen, Internet,
     entspanntes Nichtstun, Schlafen, Beisammensein mit Familie,
     Partner …
AA   Aktuelle Aufgaben (Erledigung kurzfristig anfallender Aufgaben
     nach Bedarf, z. B. Rechnungen, Arzttermine)
VZ   Verlorene Zeit, lustloses Herumtrödeln, unzufriedenes Nichtstun,
     nicht den Anfang finden, unbefriedigende Vermischung von
     Aktivitäten

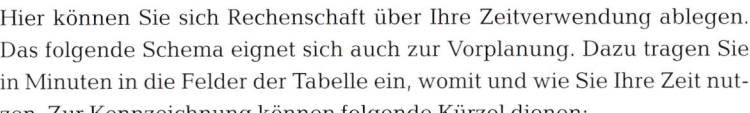

Ein differenziertes seriöses Zeittagebuch finden Sie unter
www.zeittagebuch.de

	Montag	Dienstag	Mitwoch	Donners-tag	Freitag	Samstag	Sonntag
Vormit-tag							
14:00 bis 15:00							
15:00 bis 16:00							
16:00 bis 18:00							
18:00 bis 20:00							
nach 20:00							

Fragen zur Auswertung

▶ Entspricht dies dem, was Sie sich wünschen und für richtig halten?

▶ Wo wollen Sie etwas ändern? Was tun Sie dafür?

▶ Wer kann Ihnen dabei helfen?

▶ Auf was müssten Sie verzichten?

Zeittagebuch: Wunsch und Wirklichkeit 17

Wir müssen täglich unterschiedlichen beruflichen und privaten Rollen/
Aufgaben gerecht werden, als Lehrkraft, Schulleitung, Partner, Eltern,
Kind, im Verein, Haushalt, öffentlichen Leben. Nicht immer kann man
allen Rollen so nachkommen, wie man gern möchte. Längerfristige Defizite machen sich in der Beziehung, in der Qualität der Ergebnisse oder als
schlechtes Gewissen bemerkbar.

Hier können Sie Wunsch und Wirklichkeit Ihrer Zeitverwendung für
Ihre Rollen und Aufgaben auf die Spur kommen. Tragen Sie zunächst
ein, wie viele Stunden Sie (im Durchschnitt) für die jeweilige Aufgabe
verwenden (IST), und anschließend, wie viele Stunden Sie aufwenden
sollten, um die Aufgabe gut und sachgerecht zu erledigen und gleichzeitig Gesundheit und Lebensqualität zu berücksichtigen (SOLL). Bitte
achten Sie darauf, dass die Summe jeweils 24 Stunden ergibt.

Zeit für ... (Durchschnitt in Stunden)	Arbeits-tag		Samstag		Sonntag	
	IST	SOLL	IST	SOLL	IST	SOLL
Arbeit in der Schule (Unterricht und alle weiteren Tätigkeiten in der Schule, Konferenzen)						
Arbeit für die Schule zu Hause (Unterrichtsvorbe-reitung und -nachbereitung, Internet)						
Arbeit für die Schule an anderen Orten (Veranstaltungen, Elternbesuche, Kurse, Zusatz-studium, Lesen von Fachliteratur)						
Wegezeiten im Zusammenhang mit der Arbeit						
Nebentätigkeiten: Arbeit in Vereinen, Organisationen, Parteien ...						
private Arbeiten (Haushalt, Einkauf, Kinderbetreuung, Pflege von Angehörigen, Reparaturen, Hausbau ...)						
Zusammensein mit Familie (nicht mit Arbeit verbunden, ohne Mahlzeiten)						
Sport, Musizieren, weitere Hobbys						

Zeit für ... (Durchschnitt in Stunden)	Arbeits-tag		Samstag		Sonntag	
	IST	SOLL	IST	SOLL	IST	SOLL
Zusammensein mit Freunden						
Fernsehen/Surfen im Internet (ohne Arbeitsbezug) ...						
Mahlzeiten						
Schlaf, Körperpflege						
anderes						

Fragen zur Auswertung
▸ Wo entdecken Sie Spielräume?
▸ Wo sollten Sie anders gewichten?
▸ Welche Konsequenzen ziehen Sie aus dem Unterschied zwischen IST und SOLL?

Meine Zeitvernichter

 18

0 = immer; 1 = oft; 2 = selten; 3 = nie	0	1	2	3
Wenn ich eigentlich arbeiten will, lasse ich mich leicht ablenken und stören (Telefon, Partner, Kinder …) oder ich fange zwischendurch was anderes an.	0	1	2	3
Obwohl ich intensiv gearbeitet habe, habe ich oft letztlich nichts wirklich geschafft.	0	1	2	3
Bei Besprechungen mit Kollegen oder Eltern lasse ich mich leicht zum Plaudern verführen und bin am Ende nicht zufrieden.	0	1	2	3
Für zeitintensive Aufgaben habe ich keine Zeit, weil ich 1000 andere Sachen vorher anfange.	0	1	2	3
Ich verzettele und verliere mich gern in Kleinigkeiten, statt mich zunächst auf die große Linie zu konzentrieren.	0	1	2	3
Meine eigene Zeitplanung und Termine halte ich nicht ein, weil ich immer noch was anderes dazwischen schiebe oder ich nicht realistisch geplant habe.	0	1	2	3
Ich kann schlecht „Nein" sagen, obwohl mich das immer wieder unter Druck setzt.	0	1	2	3
Mein Schreibtisch sieht chaotisch aus; ich brauche viel Zeit zum Suchen und Finden.	0	1	2	3
Wegen mangelnder Absprachen mit Kollegen entsteht mir zusätzliche Arbeit und Zeitverlust.	0	1	2	3
Ich delegiere ungern und mache die Dinge lieber selber, obwohl es andere auch könnten.	0	1	2	3
Ich gehe bei komplexen Arbeiten nicht planvoll und systematisch vor, sondern fange irgendwo an und habe am Ende mehr Aufwand.	0	1	2	3
Anzahl X Punktwert = meine Punktzahl _____				

Fragen zur Auswertung

0 bis 13 Punkte: Sie haben eigentlich keine Zeitplanung und lassen sich treiben.

14 bis 21 Punkte: Sie bemühen sich, aber da ist noch viel Spielraum.

22 bis 28 Punkte: Das ist schon sehr ordentlich; weiter so.

29 bis 33 Punkte: Ehrlich? Das ist optimal.

(Nach einer Idee von SEIWERT. Weitere Materialien siehe dort.)

 19

Mein Zeithaushalt

Zusammenfassend können Sie jetzt anschaulich Ihre Zeitverwendung z. B. in einer normalen Woche in Zeitleisten darstellen. Schätzen Sie anhand der bisherigen Überlegungen ab, wie viele Zeitanteile Sie für welche Ihrer Rollen/Aufgaben verwenden und prüfen Sie, ob das Ergebnis zu Ihrer Zufriedenheit ausfällt. Sie sind selbstverständlich frei, die Aufgaben nach Ihrer Lebenssituation zu variieren und auszudifferenzieren.

Zeit für:
▸ Beruf
▸ Familie, Kinder
▸ Partner
▸ Erholung, Freizeit, Hobby
▸ Hausarbeiten
▸ öffentliche Ämter
▸ mich selbst (Schlafen, Körperpflege, Fitness)
▸ Kontakte …

IST (Beispiel)

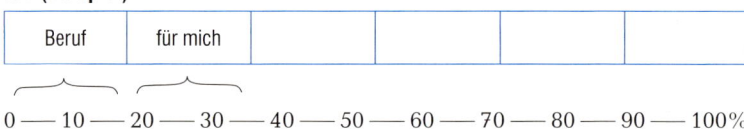

SOLL

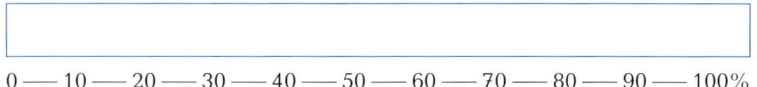

Was können Sie tun, um IST und SOLL anzunähern?

Zusammenfassung Ihrer persönlichen Analyse-Ergebnisse

 20

Stellen Sie Ihre Erkenntnisse zusammen, die Sie aus den bisherigen Analysen gezogen haben:

▶ Was sind Ihre wichtigsten Erkenntnisse über Ihr Verhalten?

▶ Welche Ergebnisse empfinden Sie als günstig? Wo liegen Ihre Stärken?

▶ Was möchten Sie auf jeden Fall abstellen oder verändern?

▶ Was motiviert Sie dazu?

▶ Wie würde ein kritischer Freund, der sie gut kennt, dies beurteilen?

▶ Formulieren Sie drei oder vier Ziele oder Wünsche an sich selbst (Wenn ich zaubern könnte, möchte ich gern …). Lassen Sie Ihrer Fantasie freien Lauf; auch zunächst abwegig erscheinende Ideen führen oft zu guten Gedanken. Manchmal kommt man auf neue Ideen mit der Kopfstandtechnik: Wie könnte ich alles noch schlimmer machen? (siehe auch Teil 5: Methoden)

Momo und die Zeit

„Siehst du, Momo", sagte er dann zum Beispiel, „es ist so: Manchmal hat man eine sehr lange Straße vor sich. Man denkt, die ist so schrecklich lang; das kann man niemals schaffen, denkt man."

Er blickte eine Weile vor sich hin, dann fuhr er fort: „Und dann fängt man an, sich zu eilen. Und man eilt sich immer mehr. Jedes Mal, wenn man aufblickt, sieht man, dass es gar nicht weniger wird, was noch vor einem liegt. Und dann strengt man sich mehr an, man kriegt es mit der Angst, und zum Schluss ist man ganz außer Puste und kann nicht mehr. Und die Straße liegt noch vor einem. So darf man es nicht machen."

Er dachte einige Zeit nach. Dann sprach er weiter: „Man darf nie an die ganze Straße auf einmal denken, verstehst du? Man muss nur an den nächsten Schritt denken, an den nächsten Atemzug, an den nächsten Besenstrich. Und immer wieder nur an den nächsten."

Wieder hielt er inne und überlegte, ehe er hinzufügte: „Dann macht es Freude; das ist wichtig, dann macht man seine Sache gut. Und so soll es sein."

Und abermals nach einer langen Pause fuhr er fort: „Auf einmal merkt man, dass man Schritt für Schritt die ganze Straße gemacht hat. Man hat gar nicht gemerkt, wie, und man ist nicht außer Puste." Er nickte vor sich hin und sagte abschließend: „Das ist wichtig."

M. ENDE

3. Arbeitshilfen zur Änderung eigener Verhaltensweisen und Gewohnheiten

Wie könnte der Weg aussehen?

Sie sind sich im Teil 2 darüber klar geworden, in welche Richtung eine Veränderung gehen sollte. Jetzt ist es Zeit, sich über konkrete Ziele Gedanken zu machen und zu prüfen, wie Sie dort hinkommen können und welche Ressourcen Sie benötigen (Fähigkeiten, psychische Kraft, Zeit, soziale Unterstützung, Belohnungen …).

Der Anfang ist die Hälfte des Weges.
SPRICHWORT

Dieser Teil 3 soll Ihnen eine Hilfe sein, planvoll und zielorientiert an Ihrem Verhalten zu arbeiten. Sie machen sich auf eine möglicherweise beschwerliche Wanderung, aber auch ein langer Weg besteht aus einzelnen Schritten, und oft führen verschiedene Wege zum Ziel. Es gilt daher auch zu planen, in welchen Etappen und auf welchen Routen Sie sich Ihrem Ziel nähern. Gewohnheiten kann man nicht aus dem Fenster werfen, sondern muss sie Stufe für Stufe die Treppe herunter locken, wie Mark Twain einst formulierte. Zu große Schritte können entmutigen, zu kleine überheblich machen. Zudem braucht man Zwischenziele und Kriterien, an denen man feststellen kann, ob sich „etwas tut", ob man weiterkommt, und „Tankstellen", an denen man neue Energie, Motivation, Zuspruch oder Bestätigung erhält. Manchmal merkt man erst beim Gehen, dass der Weg doch zu mühsam ist oder in die falsche Richtung führt. Gut, wenn man dann eine Alternative hat. Auch eine Wegbegleitung kann hilfreich sein, zum Durchhalten motivieren, auf Irrwege aufmerksam machen, Lasten abnehmen, Wegzehrung spenden … (Sieland/Heyse 2010).

Bevor Sie anfangen – zur Erinnerung

Selbstaufmerksamkeit

Viele Menschen kümmern sich erst dann um ihre Gesundheit und ihr Wohlbefinden, wenn ernste Signale eine Gefährdung signalisieren. Oftmals kündigen sich Überlastung und Überforderung aber durch kleine Warnhinweise und Symptome an, z.B. Nervosität, Gereiztheit, Schmerzen, Konzentrationsmängel. Mit ein wenig Selbstaufmerksamkeit, der Balance zwischen Hypochondrie und Selbstmissachtung, lässt sich dem Zusammenbruch vorbeugen. Seine Grenzen kennen und respektieren, rechtzeitig Auszeiten nehmen und Neinsagen schützt Gesundheit und Leistungsfähigkeit.

Die Warner

Wenn Leute Dir sagen:
‚Kümmere Dich nicht
soviel
um dich selbst'
dann sieh Dir
die Leute an
die Dir sagen:
An ihnen kannst Du erkennen
wie das ist,
wenn einer
sich nicht genug
um sich selbst
gekümmert hat

E. FRIED

Aus: Um Klarheit © Verlag Klaus Wagenbach,
Berlin 1985

Feedback

Wir erkennen uns im Spiegel der anderen – sofern wir dafür offen sind und reflektiert damit umgehen. Direktes Feedback oder Achtsamkeit für die Reaktionen im Umfeld können unser Selbstbild komplettieren oder korrigieren. Das bewahrt vor Einseitigkeit, Beratungsresistenz und blinden Flecken in der Selbstwahrnehmung.

Antinomien und Widersprüche

„Alles ist richtig – auch das Gegenteil" (K. Tucholsky). Dieses Bonmot erinnert daran, dass es selten eindeutige Erklärungen und Lösungen gibt. Dinge widersprechen sich und Menschen handeln widersprüchlich oder offensichtlich falsch, Situationen gehen nicht glatt auf, Fehler sind gravierend und Probleme schreien vergeblich nach Lösung. Ambiguitätstoleranz, d. h. die Kompetenz und Bereitschaft, Spannungen auszuhalten und Dinge in der Schwebe zu lassen, die Offenheit für Alternativen, das Balancieren von „sowohl – als auch" schützt vor scheinbar einfachen Lösungen, die im Nachhinein Stress machen.

> Von jeder Sache gibt es zwei einander widersprechende Auffassungen.
> PROTAGORAS

Zuständigkeit klären

Angehörige sozialer Berufe sind gefährdet, sich für Angelegenheiten und andere Menschen verantwortlich zu fühlen, auch wenn sie nicht zuständig sind. Reflektiertes Loslassen schützt vor Überforderungen durch Allzuständigkeit, befreit und entlastet.

Kraftquellen

Besinnen Sie sich auf Ihre Kraftquellen, Ihre „Tankstellen" für psychische und physische Energie. Gehen Sie mit sich behutsam um. Wissen Sie, was Ihnen gut tut, was Ihnen Ruhe und Zufriedenheit gibt, wo Ihre „Mitte" ist? Finden Sie heraus, welche Entspannungsmöglichkeiten Ihnen helfen; nicht jeder spricht auf bestimmte Methoden an. Entwerfen Sie die Menukarte mit den Lieblingsspeisen für Ihre Psyche.

Stressdisziplin

Ohne Widerstand, Konflikte und Hindernisse gibt es keine Entwicklung. Auch Belastungen sind trotz optimaler Lebens- und Arbeitsbedingungen nicht immer vermeidbar.

Aber müssen Sie sich freiwillig durch zusätzliche Aufgaben, Interaktionen, hektischen Aktionismus, selbstgemachten Zeitdruck, objektive Stressoren wie Lärm, schlechte Luft im Klassenraum usw. belasten? Wollen Sie überall dabei und der/die Beste oder Erste sein?

Vorbeugend Belastungen managen

Versuchen Sie herauszubekommen, welche Stressoren Ihnen zu schaffen machen. Nicht alles kommt unverhofft. Bereiten Sie sich mental vor, planen und strukturieren Sie Ihr Handeln, spielen Sie schwierige Situationen durch, vielleicht mit einem Partner:

▸ Was erwartet Sie?
▸ Mit welchen Einstellungen, Gedanken, Gefühlen ... gehen Sie in die Situation?
▸ Was machen Sie, wenn der andere ... ?
▸ Wie gehen Sie um mit aufkommendem Ärger, Angst, Unterlegenheitsgefühl ... ?

Dazu gehört, Voraussicht zu entwickeln, auszuwählen und zu delegieren, Wichtiges von Unwichtigem zu trennen und Zeitmanagement. Sehen Sie nicht erst dann Pausen und Entspannung vor, wenn die Belastung oder der Stress ohnehin vorbei sind (wenn ich das ... erledigt habe, dann gönne ich mir ...), sondern mittendrin.

Selbstwirksamkeit

Selbstwirksamkeit, die Erfahrung, dass man etwas bewirken und verändern kann, dass die eigenen Bemühungen Erfolg haben, ist ein hoch wirksamer Schutz vor Berufsmüdigkeit, Resignation, „Burn-out" ...

Dazu bedarf es realistischer Erfolgskriterien. Wer nur auf 100 Prozent Zielerreichung setzt und nicht auch kleine Schritte als Erfolg verbuchen

Wenn Dir das Leben eine Zitrone gibt, mach Limonade draus.
V. E. WOLFF

kann, ist auf dem besten Weg zur Selbstüberforderung und in die Resignation. Welche Zwischenziele lassen Sie zu? Welche Erfolgskriterien legen Sie an? Woran können Sie merken, dass Ihre Anstrengungen etwas bewirken? Bringen Sie ausreichend Achtsamkeit gegenüber Veränderungen bei Schülern, Kollegen … auf?

Analyse des Verhaltens, das Sie ändern möchten

 21

Bevor Sie sich daran machen, neue Ziele und Vorsätze ins Auge zu fassen, sollten Sie sich differenziert mit dem Verhalten befassen, das Sie ändern oder aufgeben wollen. Es ist nicht einfach, Gewohnheiten und eingeschliffene Handlungsmuster aufzugeben; die Erfahrung haben Sie bereits oftmals gemacht. Daher sollte man genau wissen, was man ändern will und warum. Das bewahrt vor Sackgassen und deprimierenden Fehlversuchen. Das frühere Verhalten war nicht nur schlecht für Sie, sonst hätten Sie es nicht beibehalten. Wenn die Gründe für eine Verhaltensänderung nicht tragfähig sind, wird die Motivation schnell erlahmen (siehe auch Sieland/Heyse 2010).

Die folgenden Punkte geben Ihnen Gelegenheit zu präzisieren, was genau Sie verändern wollen und welche Motive Sie dabei antreiben. Am besten bearbeiten Sie sie in Form eines Interviews mit einem vertrauten, aber nicht zu nahe stehenden Menschen:

1. An welchem Verhalten möchten Sie arbeiten? Beschreiben Sie das Verhalten möglichst genau. Wann tritt es auf? Gegenüber wem? Wie oft? Wie intensiv? Unter welchen Bedingungen und in welchen Situationen? Betrifft das Verhalten den Umgang mit Ihnen selbst (z. B. Gesundheitsverhalten), mit bestimmten Personen (z. B. Kommunikation) oder mit Ihren beruflichen/privaten Aufgaben (z. B. Zeitmanagement)?

Wenn Du willst, dass etwas anders wird, fang bei Dir an. Das Einzige, was Du verändern kannst, befindet sich in Deinem Kopf.
SPRICHWORT

2. Möchten Sie das bisherige Verhalten ganz ablegen oder nur ändern – oder stattdessen ein ganz anderes Verhalten neu erlernen und neue Gewohnheiten entwickeln?

3. Wollen Sie das aus eigenem Entschluss oder hat Sie jemand dazu gedrängt? Stehen Sie voll dahinter oder spüren Sie einen inneren Widerstand? Warum genau wollen Sie es ändern?

4. Was passiert, wenn Sie nichts ändern? Welche kurz- oder langfristigen Folgen wird das für Sie und andere haben?

5. Wofür brauchen Sie das geänderte/neue Verhalten und wie dringlich? Was wird besser sein damit? Was ist der „Preis" dafür – was werden die Nachteile sein? Könnte es sein, dass Ihr jetziges Verhalten für Sie optimal ist, um bestimmte Situationen und Aufgaben zu meistern? Müssten Sie nicht eher die Situationen ändern?

6. Können Sie erkennen und akzeptieren, dass das Verhalten auch seine guten Seiten hat? Was könnte das Gute am Schlechten sein? Welchen positiven Aspekt möchten Sie bei einer Verhaltensänderung nicht missen? Was von diesem Guten möchten Sie auf jeden Fall „retten"? Wo ist dabei Ihre „Schmerzgrenze"?

> Ob es besser wird, wenn es anders wird, kann ich nicht sagen. Aber es muss anders werden, wenn es besser werden soll.
> C. LICHTENBERG

7. Welche Hindernisse und Schwierigkeiten sehen Sie voraus? Bei sich selbst – bei anderen? Wer ist noch betroffen, wenn Sie sich ändern? Ist das vorteilhaft oder nachteilig für die anderen? Gibt es jemanden, der Interesse daran hat, dass alles so bleibt?

8. Sind Sie sich darüber klar, was Sie aufgeben müssen, wenn Sie Ihr bisheriges Verhalten ändern? Sind Sie dazu bereit?

9. Ist Ihnen bewusst, dass Sie für längere Zeit zwischen dem alten und dem neuen Verhalten hin und her schwanken und immer wieder „rückfällig" werden? Wer oder was kann Sie dann wieder „aufbauen"?

10. Werden Sie die Anstrengung durchhalten ohne aufzugeben? Wer kann Sie dabei unterstützen?

11. Wollen Sie Ihr Ziel/Ihren Vorsatz immer noch verfolgen?

> Achtung vor kopfloser Veränderungs-Hektik! Eine sorgfältige Vorbereitung erspart Rückschläge und Enttäuschungen.

Neue Ziele

Es ist relativ einfach, sich neue Ziele zu suchen und Vorsätze zu fassen. Schwieriger ist es, sie so zu formulieren und anzugehen, damit sie eine gewisse Chance haben, umgesetzt zu werden. Um liebe alte Gewohnheiten zu verändern, braucht man Geduld mit sich, gute Argumente und Energie. Schließlich haben Sie eine Weile damit gelebt, vielleicht sogar recht gut, und sie sind Ihnen vertraut. Sie haben Ihnen Sicherheit gegeben und Sie von Alltags-Entscheidungen entlastet.

1. **Panorama:**
Was ist ein lohnendes Ziel?

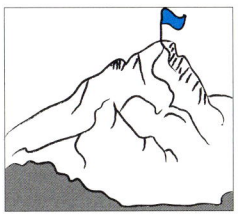

2. Der **Gipfel:**
Das ist mein *Ziel*!

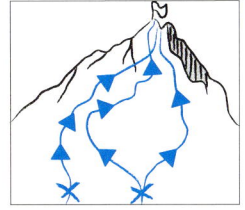

3. Die **Wege:**
Wie komme ich dahin?

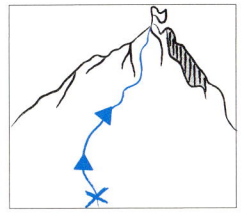

4. Die **Route:**
Das ist mein *Weg*!

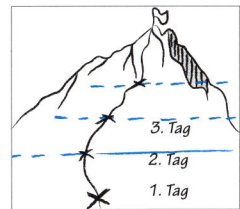

5. Die **Etappen:**
So schaffe ich das!

6. **Basislager:**
Meine *Evaluation*!

Das „Unternehmen" Verhaltensänderung ist vergleichbar mit der Besteigung eines hohen Berges (vgl. Hillert u. a. 2011): Zunächst sucht man sich aus der Menge der interessanten Berge einen aus, der zu einem passt und der bezwingbar erscheint (Zielauswahl).

Sodann macht man sich mit den unterschiedlichen Routen vertraut, die zum Gipfel führen und prüft, welche Schwierigkeiten einen erwarten und ob man die Fähigkeiten und die erforderliche Ausrüstung dazu hat

Zwischen Denken und Handeln liegt der halbe Ozean.
B. SCHLINK

oder sich beschaffen kann (Ressourcen). Vielleicht muss man den ausgewählten Gipfel wieder in Frage stellen und sich neu orientieren, wenn die Kompetenzen oder Mittel nicht reichen.

Dann kommt die Entscheidung für eine bestimmte Route. Es werden Startpunkt und Basislager, Zwischenstationen, Ruhepausen und Notfallpläne bestimmt. Und wenn man auf dem Weg ist, muss man flexibel mit Schwierigkeiten umgehen, Umwege zulassen, Rückschläge verarbeiten, ohne das Ziel aus dem Auge zu verlieren.

Wenn man nicht genau weiß, wohin man will, landet man leicht da, wo man gar nicht hin wollte.
R. F. MAGER

Es wird deutlich: Einsicht allein reicht für eine Veränderung nicht; sie ist nur der erste – wenn auch unumgängliche – Schritt. Einsicht wird vom Verstand gesteuert; Verhalten und Gewohnheiten sind aber auch an Gefühle gebunden, laufen teilweise automatisiert, ohne ständige rationale Kontrolle ab. Stellen Sie sich vor, Sie müssten beim Autofahren jede Aktion bewusst steuern, so wie in der ersten Fahrstunde. Irgendwann entwickelt man ein Gefühl dafür, wann man z. B. schalten muss. Aber wenn Sie ein neues Auto kaufen, z. B. mit Automatik, müssen Sie umlernen und den Tritt zur Kupplung kontrollieren, sonst wird es gefährlich.

Dieses Umlernen, diese Selbststeuerung mit reflektierter Verhaltenskontrolle ist gefordert, wenn neue Verhaltensziele angestrebt werden – verbunden mit geduldigem Training – so wie man auch nicht ohne Üben Ski fahren oder eine neue Sprache lernen kann.

Und dann heißt es Stabilisieren, d. h. das neue Verhalten im Alltag zu trainieren, es gegen innere Widerstände, den berüchtigten „inneren Schweinehund" und den Widerstand des Umfeldes zu sichern. Denn wenn jemand sein Verhalten ändert, müssen andere in seinem Umfeld das zumindest zulassen, wenn nicht sogar aktiv unterstützen, sonst wird er schnell gestoppt oder es wird sehr einsam um ihn.

Alle Schritte müssen evaluativ begleitet werden, um frühzeitig Fortschritte, Fehlentwicklungen und Nebenwirkungen zu erkennen und darauf zu reagieren.

Unerfüllbare Vorsätze und Ziele vermeiden

Manchmal fassen wir Vorsätze und setzen uns Ziele, die schon wegen ihrer Formulierung unerfüllbar und unerreichbar sind, z. B. *„Ich will geduldiger sein und mich nicht mehr ärgern!"*

Problem:
1. Gefühle lassen sich nicht verbieten!
2. Worin zeigt sich ein „geduldigeres" Verhalten?
3. Was ist die Alternative zu „nicht mehr ärgern"?

Eine bessere Formulierung ist: Wenn ich merke, dass ich ärgerlich oder aggressiv werde, mache ich einen Perspektivenwechsel und versuche,

▸ die Situation oder das Verhalten anders zu deuten und wahrzunehmen.
▸ mich in die Lage des anderen zu versetzen.
▸ zu relativieren: Was wäre schlimmer?
▸ mir zeitliche oder räumliche Distanz zu verschaffen, bis …

Ein unerfüllbarer Vorsatz einer Schulleitung könnte lauten: *„Ich will, dass mein Kollegium besser kooperiert!"*

Problem:
1. Das ist ein Ziel, das Sie für andere formulieren! Andere sollen etwas tun, damit Sie Ihr Ziel erreichen. Sie können sich aber nur etwas vornehmen, was Sie selbst realisieren können.
2. Vorsätze ohne Inhalt, Ort oder Zeit kann man nie verletzen!

Eine bessere Formulierung ist: Ich stelle in diesem Halbjahr Aufgaben, die Kolleginnen und Kollegen nur im Team erledigen können, z. B. fachübergreifende Arbeitspläne erstellen.

Ebenfalls ungünstig ist der Vorsatz: *„Ich will weniger hektisch sein und mich nicht in Stress bringen!"*

Problem:
1. Man kann nicht Altes vermeiden, ohne alternativ Neues zu tun!
2. Negative Ziele kann man schlecht verfolgen, ohne ständig zu betonen, was man vermeiden will.
3. Unbestimmte Mengenangaben („weniger") sind nie zu widerlegen.

Eine bessere Formulierung ist: Ich komme zehn Minuten früher in die Schule. Oder: Ich plane den Unterricht eine Woche voraus und lasse mir Luft und Ruhe für Unvorhergesehenes.

Das letzte Beispiel ist: *„Wenn ich wieder mehr Zeit habe, gehen wir ins Kino."*

Der gute Vorsatz ist ein Gaul, der oft gesattelt, aber selten geritten wird.
VOLKSWEISHEIT AUS MEXIKO

Problem:

1. Gegen diesen Vorsatz kann man auf unbestimmte Zeit nicht verstoßen!
2. Was heißt das, mehr Zeit?

Eine bessere Formulierung ist: Ich gehe mit … in den nächsten Film mit/ von … – und anschließend …

Solche erkennbar fragwürdigen Formulierungen gleichen eher dem unverbindlichen Muster „Schau'n wir mal …"

Kriterien für gut formulierte Ziele

Gute Vorsätze sollten einige Kriterien erfüllen, um die Chance zu erhöhen, dass sie auch angesteuert werden können. Schreiben Sie zunächst Ihre spontanen Formulierungen für ein oder zwei ernsthafte Vorsätze bzw. Ziele auf.

Prüfen Sie jetzt jedes Ziel anhand folgender Kriterien:

1. Ist es positiv formuliert, d. h. es enthält keine Verneinungen wie: nicht mehr, nie, kein, weniger, aufhören …? Beschreiben Sie also, was Sie künftig tun, und nicht, was Sie nicht mehr machen wollen!
2. Haben Sie konkretes und operationalisiertes Handeln beschrieben – oder wolkig unbestimmte Gefühle oder Absichten, z. B. „Ich will gesünder leben – freundlicher sein – mehr arbeiten …"? Wie wollen Sie sich in welchen Situationen wem gegenüber verhalten, wie wollen Sie anders reagieren, reden, wahrnehmen, denken …?
3. Ist das Ziel inhaltlich realistisch und zumindest in Zwischenzielen teilweise kurzfristig zu realisieren? Sorgen Sie für ermutigende Etappen und Schritte, die Sie auf dem Weg bestärken.
4. Haben Sie ein Ziel für sich („Ich mache") oder für andere („XY soll aufhören, mich zu schikanieren") formuliert? Es muss von *Ihrem* Verhalten abhängen, ob der Vorsatz realisiert wird, nicht von dem Verhalten oder dem guten Willen anderer. Sie selbst müssen die Verantwortung für den Vorsatz übernehmen können.

Der Ziellose erleidet sein Schicksal – der Zielbewusste gestaltet es.
I. KANT

5. Haben Sie in der Gegenwart formuliert, so als ob Sie sich schon so verhalten? Nicht: ab morgen – wenn ich Zeit habe – will, werde, möchte, sollte ich …, sondern: Ich nehme mir jeden Tag zehn Minuten für die Planung meiner Arbeitszeit.
6. Gibt es ein Kriterium, an dem man feststellen kann, ob das Ziel/Zwischenziel erreicht ist und/oder Sie sich dem Ziel annähern? Woran merken Sie, ob Sie auf dem richtigen Weg sind?

Formulieren Sie dann noch einmal Ihren Vorsatz bzw. Ihr Ziel.

Einige weitere Fragen können hilfreich sein, Ihren Vorsatz abzusichern:

▸ Ist das Ziel wirklich attraktiv? Setzt es genügend Motivation und Änderungsbereitschaft frei?
▸ Wie hoch ist der Schwierigkeitsgrad, das Ziel zu erreichen? Reichen Ihre Fähigkeiten, Erfahrungen und Ressourcen aus?
▸ Haben Sie genügend Zeit und Kraft dafür? Oder sind die Alltagsbelastungen so hoch, dass Sie sich damit überfordern und nach kurzer Zeit aufgeben? Scheitern bewirkt Resignation! Setzen Sie sich einen Zeitraum, in dem Sie realistisch das Ziel erreichen können und wollen, z. B. drei Monate.
▸ Haben Sie so etwas früher schon mal geschafft? Was hat Sie da ermutigt? Wie haben Sie Schwierigkeiten bewältigt?
▸ Welcher Wert steckt hinter Ihrem Vorsatz, was wollen Sie eigentlich erreichen (z. B. „Anerkennung finden")? Passt das zu Ihrem Wertekanon und zu Ihren Interessen? Wie verhält sich das zu dem Wert, der hinter Ihrem früheren Verhalten stand? Was „sagen" Ihre inneren Antreiber dazu?
▸ Steht dieser Wert in Konkurrenz zu anderen? Ein größerer Einsatz für die Familie kollidiert vielleicht mit der Zeit für den Beruf.
▸ Was können Sie am Umfeld ändern, damit Sie Ihren Vorsatz noch besser realisieren?
▸ Können Sie sich Unterstützung bei jemand Vertrautem holen?
▸ Wer kann das, was Sie wollen? Gibt es ein Modell, an dem Sie sich orientieren können?
▸ Sollten Sie den Vorsatz variieren, um die Nachteile und „Kosten" für Sie und Ihr Umfeld zu verringern?

> Motivation ist die Konzentration auf ein lohnenswertes Ziel.
> A. LASSEN

Es sei an dieser Stelle darauf hingewiesen, dass zwar mit zunehmender Klärung die Verbindlichkeit des Zieles steigt, nicht aber unbedingt die Motivation, die notwendigen Schritte zu gehen. Denn je konkreter das Ziel wird, desto klarer tritt auch der Preis für die Veränderung ans Licht.

 22

Ziele und Zielhandlungen

Ein gut formuliertes Ziel kann in der Regel auf unterschiedlichen Wegen angesteuert werden. Daher empfiehlt sich, zwischen dem angestrebten Zielzustand und den Zielhandlungen, die dahin führen können, zu unterscheiden.

In diesem Arbeitsschritt muss geklärt werden, auf welchen Wegen, mit welchen Verhaltensschritten Sie sich dem Ziel nähern wollen. Auch diese Zielhandlungen müssen den Kriterien für die Zielformulierung genügen, wenn sie wirksam werden sollen.

Lassen Sie zunächst wie bei einem Brainstorming Ihrer Fantasie freien Lauf – vielleicht kann die Kopfstandtechnik (siehe Teil 5 Methoden) dabei helfen. Besprechen Sie Ihre Ideen mit einem Vertrauten oder organisieren Sie ein „KESS-Team" (www.kess-portal.de).

Als sie das Ziel aus den Augen verloren, verdoppelten sie ihre Anstrengungen.
B. BRECHT

Sammlung von denkbaren Zielhandlungen

Was könnte ich sinnvoll tun, um mein Ziel zu erreichen?
1.
2.
3.
4.
5.

Überprüfen Sie Ihre Ideen anhand der Zielkriterien und wählen Sie aus, welche zielführenden Verhaltensweisen Sie tatsächlich praktizieren können/wollen. Gegebenenfalls müssen Sie neu formulieren und präzisieren.

> **Präzisieren Sie hier drei Verhaltensweisen, mit denen Sie in den nächsten drei Monaten Ihr Ziel erreichen wollen, und entwerfen Sie einen Handlungsplan: In welchen Standardsituationen reagiere ich wie ….**

Übung: Mit Fantasie Vorsätze verbessern

Wir haben die Gabe, uns zukünftige Ereignisse mental auszumalen. Beispielsweise konzentriert sich ein Sportler auf die erforderlichen Bewegungsabläufe vor dem Start, um sie besonders genau auszuführen. Wir können unsere Fantasie auch für die Vorsatzbildung nutzen.

Stellen Sie sich möglichst anschaulich wie in einem Film vor, wie Sie in drei verschiedenen Situationen Ihren Vorsatz verwirklichen. Sie können dabei wie ein Regisseur auf unterschiedliche Aspekte achten, auf die Gefühle, dann auf die Stimme oder andere Verhaltensausschnitte bei sich und Ihren Mitmenschen. Überlegen Sie dann:

▸ Gefällt Ihnen, was sie „sehen"? Sind Sie mit sich zufrieden? Ist der Vorsatz für Sie in Ordnung?
▸ Variieren Sie Ihr Verhalten in Gedanken, bis Sie mit sich zufrieden sind.
▸ Variieren Sie gegebenenfalls Ihren Vorsatz, dass er möglichst gut zu den Situationen passt.
▸ Stellen Sie sich realistisch die positiven und negativen Folgen vor.

Machen Sie sich die Unterschiede zwischen Ihrem früheren Verhalten und dem Zielverhalten so deutlich, dass es sehr schade für Sie ist, den neuen Vorsatz nicht zu erproben! Aber seien Sie auch gütig und geduldig mit sich selbst! Geben Sie sich eine Erlaubnis: Ich darf auch mal umfallen, Hauptsache, ich stehe danach wieder auf! (modifiziert nach Sieland 2000, S. 81)

Wer das Ziel kennt, kann entscheiden. Wer entscheidet, findet Ruhe. Wer Ruhe findet, ist sicher. Wer sicher ist, kann überlegen. Wer überlegt, kann verbessern.

KONFUZIUS

23

Veränderungscheck

Machen Sie sich abschließend noch einmal in aller Ausführlichkeit klar, warum Sie sich ändern wollen und was die Änderung für Sie bedeutet. Dabei helfen folgende Fragen:

> Wer ein Ziel hat, nimmt auch schlechte Straßen in Kauf.
> SPRICHWORT

▶ Warum ist das Ziel gut für mich? Welche Auswirkungen erhoffe ich mir von dem Erreichen des Ziels?

▶ Welche wichtigen Aufgaben werde ich besser erfüllen können? Was bedeutet es für meine beruflichen und privaten Rollen/Aufgaben?

▶ Wie wird sich meine Lebensqualität durch die Veränderung erhöhen?

▶ Werden wichtige Mitmenschen meine geplante Veränderung begrüßen? Welche Mitmenschen werden davon profitieren? Wie werden die Veränderungen in meinem Leben von meinen Bezugspersonen wahrgenommen? Von wem und wodurch erhoffe ich mir Anerkennung für mein neues Verhalten?

Wenn ich mein Leben noch mal leben könnte, würde ich versuchen, mehr Fehler zu machen. Ich würde mich mehr entspannen. Ich würde öfter bis zum Äußersten gehen. Ich würde alberner sein als bei dieser Lebensreise. Ich weiß natürlich einige Dinge, die ich viel ernster nehmen würde. Aber insgesamt – das will ich euch sagen – würde ich verrückter sein. Ich würde weniger hygienisch sein. Ich würde viel mehr Chancen wahrnehmen. Ich würde mehr unternehmen. Ich würde mehr Berge besteigen, in mehr Flüssen schwimmen und mehr Sonnenuntergänge beobachten. Ich würde mehr Eis und weniger Spinat essen. Ich würde mehr wirkliche und weniger eingebildete Probleme haben. Wie ihr wisst, war ich eine von den Menschen, die prophylaktisch und vernünftig und gesund lebten. Stunde um Stunde, Tag für Tag. Oh, ich sage euch … auch ich hatte meine Momente, und wenn ich noch einmal leben könnte, hätte ich viele mehr. Eigentlich würde ich gar nichts anderes wollen als bei dieser Lebensreise. Einfach nur mehr Augenblicke, die wirklich zählen, einen nach dem anderen, anstatt immer so viele Jahre im Voraus zu leben und zu denken. Ihr wisst ja: Ich war eine von der Sorte Leute, die nirgendwohin ohne ein Thermometer, eine Flasche mit heißem Wasser, ein Gurgelwasser, einen Regenmantel und einen Fallschirm gehen. Wenn ich noch einmal leben könnte, würde ich leichter reisen als bisher. Wenn ich mein Leben noch einmal leben könnte, würde ich im Frühling früher anfangen, barfuß zu laufen und im Herbst später damit aufhören. Ich würde öfter die Schule schwänzen. Ich würde gute Noten nur aus Versehen schreiben. Vom Karussell würdet ihr mich nicht mehr runter kriegen. Und: ich würde viel mehr Blumen pflücken. Wenn du dich andauernd nur schindest, vergisst du sehr bald, dass es so wunderschöne Dinge gibt wie zum Beispiel einen Bach, der dir Geschichten erzählt, und einen Vogel, der im Baum sitzt und singt. Man muss dazu nur aufbrechen aus seiner gewohnten Umgebung. Wenn ich noch einmal leben könnte, daran würde ich mich erinnern.

M. STORCH

Veränderungsmotto 24

Oftmals verliert man im Alltagstrubel den Vorsatz aus den Augen oder fragt sich, warum man sich das alles eigentlich zumutet. Da kann es nützlich sein, sich ein griffiges Motto (Aphorismus, Sprichwort, Slogan, Werbetext) auszudenken, mit dem das Ziel und die Veränderungsmotivation schnell wieder präsent werden und sich Durststrecken überbrücken lassen. Dazu eignet sich auch ein Bild, Symbol, Lied usw. Im Internet (aphorismen.de) finden Sie viele Anregungen.

Mein Veränderungsmotto:

Lernfortschritt und Erfolgsmaßstäbe

Um Ihre Motivation aufrecht zu erhalten, sind Zwischenziele hilfreich, mit denen Sie Ihren Lernfortschritt erleben können. Dazu braucht es gleichermaßen sensible Erfolgsmaßstäbe.

Den Lernfortschritt kann man nicht immer in Maßeinheiten feststellen wie z. B. beim 100m-Lauf. Beim Verhalten ist man meist auf „weiche" Kriterien angewiesen, z. B.

▸ Anstrengung, Selbstüberwindung
▸ Sinnerfahrung, Wertbezug (ich konnte gut kooperieren)
▸ positive Gefühle, Genuss
▸ Trainingseffekte, Erfolg und Wirkung (z. B. spürbare Stressreduktion erreicht)
▸ Zufriedenheit (mit der Leistung)
▸ Selbstwirksamkeit (das Ziel aus eigener Kraft, unter Umständen gegen Widerstand von außen, erreicht zu haben)
▸ Rückmeldung von anderen Menschen

Der Langsamste, der sein Ziel nicht aus den Augen verliert, geht noch immer geschwinder, als jener, der ohne Ziel umherirrt.
G. E. LESSING

Ähnlich verhält es sich mit den Erfolgsmaßstäben. Zwar kann man schnell erkennen, wenn es einen Rückfall gegeben hat, man braucht aber auch Vergleichsmöglichkeiten für den Erfolg.

Grundsätzlich stehen drei Vergleichsmaßstäbe zur Verfügung:
▸ Das eigene frühere Verhalten,
▸ die Verhaltensweisen anderer Personen in vergleichbaren Situationen und
▸ ein bestimmtes Zielkriterium.

Letzteres wird vor allem bei Verhaltensweisen anwendbar sein, die sich quantifizieren lassen, z. B. im Gesundheitsverhalten (Zigaretten pro Tag, Gewichtabnahme in Kilo usw.).

Sorgen Sie bei Ihrer Handlungsplanung für „Tankstellen" auf dem Weg zum Ziel, an denen Sie sich kleine Belohnungen für den bisherigen Teilerfolg gönnen und Kraft für den weiteren Weg schöpfen können.

 25

Mein Veränderungsprotokoll

Um sich selbst zu ermutigen, vielleicht auch als Selbstkontrolle, empfiehlt sich, den Veränderungsprozess kontinuierlich tagebuchmäßig zu dokumentieren. Nur so lassen sich in der Regel Fortschritte im Vergleich zum IST-Stand und zum angestrebten Ziel sichtbar machen. Hier ein Muster für ein eigenes Tagesprotokoll. Auch wenn es schwer fällt: Versuchen Sie, wenigstens stichwortartig täglich zu den vorgeschlagenen Punkten etwas zu schreiben. Verlassen Sie sich nicht auf Ihr Gedächtnis.

Nur die Allerweisesten und die Allerdümmsten ändern sich nie.
KONFUZIUS

Mein Veränderungsprotokoll

Das will ich bis _____ erreichen:

Das tue ich dafür:

1.

2.

3.

Zwischenziele, die ich bis _____ erreichen will:

Datum	▸ Zielhandlung Nr. …
	▸ Fehlanzeige, keine Gelegenheit gehabt
Tagesbewertung	▸ erfolgreich ausgeführt, Fortschritt gemacht, welchen …
Dieser Tag war:	▸ Misserfolg, Rückschritt
(-/+/++/+++)	▸ Rückmeldung von anderen
	▸ meine Belohnung
	▸ Erkenntnisse
	▸ Änderungsbedarf (Ziel/Weg …)

Hinweis auf Beratung und Psychotherapie

Möglicherweise sind Sie aufgrund der bisherigen Selbstanalyse zu dem Ergebnis gekommen, dass Sie sich eine Änderung Ihres Verhaltens in eigener Regie nicht zutrauen oder zumuten möchten – auch nicht mit der Unterstützung kritischer Freunde, in einer Supervisionsgruppe oder in einem KESS-Team (www.kess-portal.de). Deswegen sei an dieser Stelle die Empfehlung ausgesprochen, in einem solchen Fall professionelle externe Hilfe in Anspruch zu nehmen.

Diese können Sie kostenlos z. B. bei den Schulpsychologischen Diensten bekommen, soweit es sich um beruflichen Beratungsbedarf handelt. Auch die Teilnahme an geeigneten Fortbildungsangeboten staatlicher oder privater Fortbildungsträger, VHS u. ä. kann eine Stärkung Ihrer Ressourcen darstellen und möglicherweise Ihr Problem verringern.

Leider haftet der Psychotherapie immer noch ein negatives Image an. Dabei kann sie zu sehr vielen Fragestellungen der persönlichen und beruflichen Lebensführung neue Perspektiven und neuen Lebensmut bringen, z. B. bei beginnenden und manifesten psychischen Erkrankungen (z. B. Depression, Angst, Berufsmüdigkeit, psychosomatischen Beschwerden …).

Die ersten fünf Sitzungen können auch ohne förmlichen Therapieantrag bei Beihilfe und Krankenkasse in Anspruch genommen werden („Schnupper-Sitzungen").

> Sich beraten zu lassen, ist ein Zeichen von Souveränität und Professionalität – nicht nur bei der Verbraucherberatung, sondern auch in schwierigen Lebenslagen und Lebensfragen!

Verhaltensweisen sind am Anfang wie Spinnenweben und am Ende wie Drahtseile.
SPRICHWORT AUS SPANIEN

Betriebliche Gesundheitsförderung und schulische Organisationsentwicklung

Individuelles Gesundheitsmanagement ist unverzichtbar. Es reicht allein aber nicht, um unter krank machenden Arbeitsbedingungen gesund zu bleiben, genauso wenig, wie optimale Arbeitsbedingungen selbstschädigendes Verhalten ausgleichen können. Erst die Kombination von Verhaltensmanagement und Verhältnismanagement entfaltet seine volle Wirkung, sei es am Arbeitsplatz oder im privaten Bereich.

Die Arbeitshilfen in diesem Teil sollen Sie dabei unterstützen, Ihr schulisches Umfeld genauer zu betrachten, um Belastungen und Ressourcen für Ihren Bildungs- und Erziehungsauftrag zu erkennen. Ähnlich wie Sie in Teil 2 Ihre persönliche Situation analysiert haben, können Sie hier zusammen mit dem Kollegium nachforschen, wo in der Schule vermeidbare Energieräuber beseitigt und Energiequellen verstärkt oder aufgetan werden könnten.

Die Gesundheit ist wie das Salz:
Man bemerkt es nur, wenn es fehlt.
SPRICHWORT

Schulische Gesundheitsförderung lässt sich nachhaltig nicht durch einzelne Projekte oder Aktionen bewerkstelligen, sondern muss eingebettet sein in den Kontext der Bemühungen um eine gute und gesunde Schule. Die Sorge um den Erhalt und die Förderung sowie gegebenenfalls die Wiederherstellung von Gesundheit, Arbeitszufriedenheit und Leistungsfähigkeit von Lehrkräften, Schulleitungen und weiteren Mitarbeitern ist kein Luxus, den ein Kollegium irgendwie neben der „eigentlichen" Arbeit – „wenn dann noch Zeit ist" – angehen darf. Schulische Gesundheitsförderung muss in den Alltag verwoben, muss Element des Schulprofils oder Schulprogramms werden; allerdings nicht im Sinne von Schonung oder Selbstverwöhnung. Sie muss getragen sein von der Verantwortung für die Schülerinnen und Schüler, den beruflichen Auftrag und für die Arbeitskraft des Einzelnen. Es gilt, sie möglichst lange zu sichern und nicht durch unnötigen psychischen und physischen Energieverschleiß zu vergeuden.

Sie sind eingeladen, Ihre Schule gesundheitsförderlich zu verändern

Wir betrachten daher Gesundheitsförderung als einen zwingenden Bestandteil der schulischen Organisationsentwicklung, damit Strukturen, Verfahrensweisen, Einsatzpläne, Arbeitsabläufe, Informationsflüsse, Kommunikations- und Konfliktmanagement ... nicht nur unter dem Aspekt der Zweckmäßigkeit, sondern auch unter der Perspektive der Gesunderhaltung gestaltet und durch ein entsprechendes Personalentwicklungs-Konzept ergänzt werden (Paulus 2010; DAK 2006; DAK & Unfallkasse NRW 2011; Heyse/Sieland 2011; Sieland/Heyse 2011).

Zur ersten Orientierung über die mögliche Zielrichtung dieser Bemühungen können die von Rosenbrock und Gerlinger (2006) beschriebenen gesundheitsförderlichen Merkmale eines Arbeitsplatzes herangezogen werden.

Demnach ist eine Arbeitssituation dann gesundheitsförderlich und dient zugleich auch dem Wohlbefinden und der Zufriedenheit der Beschäftigten, wenn

▸ sie technisch sicher und nach ergonomischen Erkenntnissen gestaltet ist,
▸ sie lernförderlich ist und eine persönliche Entwicklungsperspektive bietet,
▸ ihre Zusammenhänge im Betriebsablauf transparent sind,
▸ Entscheidungs- und Gestaltungsspielräume gegeben sind,
▸ Routine, Kreativität und Motorik angemessen gefordert werden,
▸ materielle und immaterielle Anreize vorhersehbar sind und als gerecht empfunden werden,
▸ die Arbeit in einem Klima von Respekt und gegenseitiger Unterstützung verrichtet werden kann,
▸ gesundheitsrelevante Daten erfasst und für die Optimierung genutzt werden.

> Der größte Fehler, den wir begehen können, ist, den ersten Schritt nicht zu machen, weil wir denken, er sei zu unbedeutend.
> SPRICHWORT

Mit Hilfe der folgenden Tabellen können Sie sich auf die Suche nach Belastungsfaktoren und Ressourcen an Ihrer Schule begeben. Wir können hier allerdings nur allgemeine Anhaltspunkte liefern. Konkrete IST-Stand-Analysen und Veränderungsprojekte an einer bestimmten Schule müssen für die Besonderheiten vor Ort modifiziert werden. Für fachliche Unterstützung dazu können Sie sich z. B. an eine schulpsychologische Beratungsstelle in Ihrem Bundesland wenden.

Weitere Checklisten finden sich z. B. in Krause u. a. 2010 sowie unter Paulus & Michelsen-Gärtner oder www.baua.de/toolbox

26

Potenzielle Belastungsfaktoren an unserer Schule – welche könnten wir reduzieren?

Belastungsfaktoren in Bezug auf ... (0 = nein; + = ja; ++ = sehr)	0 + ++	das liegt nicht in unserer Hand	dagegen könnten wir etwas tun	das gehen wir an
Schüler				
Sozialverhalten				
Lernverhalten				
Disziplinprobleme, Unterrichtsstörungen				
Klassengröße				
unzureichende Fördermöglichkeiten				
Probleme mit Eltern/Ausbildern				
Spielräume für Schülerinteressen (z. B. Arbeitsgruppen)				
Zeit, sich um individuelle Probleme von Schülern zu kümmern				
Ausstattung				
Materialien, Geräte und Technik				
baulicher Zustand von Gebäude, Klassenräumen, Lehrerzimmer				
Pausenhof, Flure				
lange Wege				
Ruhezonen				
individuelle Arbeitsplätze				
Vandalismus				
Akustik, Lärmpegel				
Luft, Lüftung				

Belastungsfaktoren in Bezug auf ... (0 = nein; + = ja; ++ = sehr)	0 + ++	das liegt nicht in unserer Hand	dagegen könnten wir etwas tun	das gehen wir an
Organisation				
Lehrereinsatz				
Fächereinsatz				
Unterrichtsorganisation, Stundenpläne, Stundenverteilung				
Vertretungsregelung				
Konferenzkultur, -organisation				
Informationsfluss				
Verwaltung, Verwaltungsaufgaben, Bürokratie				
Sekretariat, Hausmeister				
Erholungspausen				
Anordnungen, Vorschriften				
Kommunikationsmöglichkeiten				
Kooperation				
Projekte, Aktivitäten, Wettbewerbe				
Arbeitsorganisation, Arbeits-, Terminplanung; Hektik				
Konflikte zwischen Arbeit und Privatleben				
Transparenz, Partizipation				
Arbeitsaufgaben/Unterricht				
Arbeitsverteilung, Arbeitspensum				
Prüfungen, Korrekturen				
Erwartungen seitens der Schulleitung				
Klassenfahrten, Partnerschaften ...				
Referendarausbildung, Lehramtsanwärter				
Verständnis für neue Unterrichtsformen				
widersprüchliche Erwartungen seitens Eltern, Schulaufsicht				

Belastungsfaktoren in Bezug auf … (0 = nein; + = ja; ++ = sehr)	0 + ++	das liegt nicht in unserer Hand	dagegen könnten wir etwas tun	das gehen wir an
Interaktionen				
Zusammenarbeit und Unterstützung im Kollegium …				
… durch die Schulleitung				
Konflikte, Intrigen, Mobbing im Kollegium				
Konflikte mit Schulleitung				
private Kontakte, gemeinsame Unternehmungen				
Gegnerschaft zwischen Gruppen				
Kommunikationsklima, Wertschätzung …				
Schulflucht: so schnell wie möglich heim				
Vereinbarungen, Absprachen …				
Eltern, Elterngremien				
Weitere Belastungsfaktoren an unserer Schule				

Lassen Sie sich durch diese Liste anregen, eine „maßgeschneiderte" IST-Analyse der Belastungssituation an Ihrer Schule vorzunehmen. Weitere Informationen dazu erhalten Sie in der Literatur und bei den Links.

Gesundheitsförderung in kollegialer Verantwortung

Schulische Gesundheitsförderung ist Pflicht und Daueraufgabe für Kollegien. Dies ergibt sich zum einen aus sachlogischen Erwägungen, denn gesundheitlich, insbesondere psychisch beeinträchtigte Lehrpersonen können den Bildungs- und Erziehungsauftrag eher unzureichend erfüllen. Nur physisch und psychisch belastbare und engagierte Lehrkräfte können sich den täglichen Herausforderungen stellen und die notwendigen Veränderungsprozesse mitgestalten. Zum anderen verpflichtet, wie bereits erwähnt, das Arbeitsschutzgesetz (§ 4) Schulleiterinnen und Schulleiter als Vertreter des Dienstherrn u. a. dazu, die Arbeit so zu gestalten, dass „eine Gefährdung für Leben und Gesundheit möglichst vermieden und die verbleibende Gefährdung möglichst gering gehalten wird", wobei individuelle Schutzmaßnahmen nachrangig zu anderen Maßnahmen sind und etwaige Gefahren an ihrer Quelle bekämpft werden sollen (und nicht durch Symptombehandlung).

Gemeinsame Probleme müssen gemeinsam bearbeitet werden

In dieser Verantwortung stehen die Beschäftigten auch selbst. Das Arbeitsschutzgesetz verpflichtet sie, „nach ihren Möglichkeiten für ihre Sicherheit und Gesundheit bei der Arbeit Sorge [zu] tragen" und „auch für die Sicherheit und Gesundheit der Personen zu sorgen, die von ihren Handlungen oder Unterlassungen bei der Arbeit betroffen sind" (ArbSchG §15), d.h. Schulleitungen in Bezug auf das Personal, Lehrerinnen und Lehrer mit Blick auf die Kolleginnen und Kollegen sowie die Schüler. Ein einzelnes Kollegium, eine einzelne Schule kann zwar die politischen und gesellschaftlichen Rahmenbedingungen von Schule nicht entscheidend verändern, dennoch verfügen Schulen über ein gewaltiges Potenzial, die unmittelbare Arbeitssituation von Lehrenden und Lernenden gesundheitsdienlich zu gestalten.

Die nachfolgenden Anregungen beschränken sich ausdrücklich auf das Personal einer Schule. Gesundheitsförderliche Maßnahmen für Schülerinnen und Schüler bleiben hier außer Acht, obwohl quasi als Nebeneffekt zu erwarten ist, dass leistungsfähige, zufriedene und psychisch gesunde Lehrkräfte auch positiv auf das Wohlbefinden und die Leistungsfähigkeit der Schüler ausstrahlen.

Ausgangspunkt: Konferenzbeschluss

Ausgangspunkt für diesbezügliche Aktivitäten ist in der Regel der Beschluss des Kollegiums, sich mit der betrieblichen Gesundheitsförderung zu befassen. Anlass dazu können Initiativen Einzelner oder Gruppen im Kollegium sein, die – auf welchen Wegen auch immer – mit der Thematik

> Schulentwicklung ist wie erneut heiraten: die Hoffnung muss größer sein als
> die bisherige Erfahrung.
> AUTOR UNBEKANNT

Lehrergesundheit in Berührung gekommen sind. Auch im Rahmen von Schulentwicklung oder der Ausgestaltung des Schulprogramms stoßen Kollegien auf dieses Thema.

Die Komplexität des Themas, das Ausmaß der persönlichen Betroffenheit und seine Relevanz für Schulgestaltung und Schulentwicklung erfordern in der Regel eine längerfristige Auseinandersetzung mit dem Thema. Einer pädagogischen Konferenz oder einem Studientag kann allenfalls die Funktion eines Einstiegs zukommen. Zur vertieften Bearbeitung der Fragen der Lehrergesundheit sind längerfristige Arbeitsformen notwendig, z. B. schulinterne Arbeitsgruppen, Gesundheitszirkel und ähnliches.

> Kommunikation ist für ein Team wie der Blutkreislauf für einen Körper. Wenn der Fluss gestoppt wird, sterben Teile ab.
> C. HENNIG

Einstieg in das Thema: IST-Stand-Analyse

Am Beginn steht eine Bestandsaufnahme, eine IST-Stand-Analyse der Situation von Lehrpersonen, Mitarbeiterinnen und Mitarbeitern und der Schulleitung der jeweiligen Schule: „Was belastet uns – was baut uns auf?"

Unverzichtbar ist, nicht nur den Blick auf die Belastungen und Schwierigkeiten zu werfen, sondern gleichermaßen auch Ressourcen und positive Aspekte zu suchen und zusammenzutragen, die Freude, Zufriedenheit, Erfolg, Erholung usw. bedeuten und Energie bringen („Schatzsuche").

Zielvorstellungen entwickeln

In mehreren Arbeitsschritten wird die Sammlung von Belastungen und Ressourcen kondensiert als Basis für Überlegungen, wie Belastungen reduziert und Ressourcen gestärkt und ausgebaut werden könnten.

Zielsetzungen und -formulierungen sollten bestimmten Kriterien folgen (siehe auch Teil 3), um die Wahrscheinlichkeit zu erhöhen, sie zu erreichen und sich nicht mit der Vorsatzbefriedigung zufrieden zu geben: Hatten wir nicht eine gute Idee? – Das muss doch reichen!

Aus der Kenntnis der Belastungen ergibt sich noch nicht automatisch, in welcher Weise die belastenden Situationen, Regelungen, Verhaltensweisen usw. ins Positive verändert werden sollen. Es genügt nicht, nur zu wissen, was man nicht möchte und was verändert werden muss. So ergibt sich z. B. aus der Klage über eine ungerecht empfundene Vertretungsregelung noch nicht, wie denn eine zufriedenstellende Organisation aussehen könnte. Ohne bündelnde Zielvorstellungen fügen sich Probleme nicht zu einer motivierenden und synergetischen Vorgehensweise zusammen. D. h. Probleme müssen in Wünsche, Ziele und Lösungen umgemünzt werden. Dabei kann der Blick auf die positiven Aspekte der Schulsituation von Nutzen sein.

Haben Sie ein Ziel, das Sie gemeinsam anstreben? Möchten Sie bestimmte Belastungen abbauen? Wollen Sie Positivfaktoren verstärken? Was lässt sich nicht ändern – womit müssen Sie leben (lernen) und Bewältigungsstrategien dafür entwickeln? Wer kann bei der Veränderung und Zielerreichung helfen? Welche Mittel sind erforderlich? Wer muss beteiligt werden („Betroffene zu Beteiligten machen!")? Welche Hürden sind dafür zu überwinden? Bestimmte Verfahren können den Ideen- und Entscheidungsfindungsprozess unterstützen (siehe Teil 5, Methoden).

Vereinbaren von Handlungsabläufen

Die weiteren Etappen hängen von den Schlussfolgerungen, Vorstellungen und Zielen ab. Es empfiehlt sich, zumindest für den Anfang nur ein bis zwei Vorhaben ins Auge zu fassen, statt alle identifizierten Probleme auf einmal angehen zu wollen. Setzen Sie sich (Zwischen-)Ziele, die kurzfristig Erfolgserlebnisse zur Ermutigung und zum Weitermachen versprechen.

Wer hinter mehreren Hasen herläuft, fängt keinen.
VOLKSWEISHEIT

In der Regel wird es notwendig sein, arbeitsteilig vorzugehen, indem unterschiedliche Arbeitsgruppen eingerichtet werden, die wiederum von einer Steuerungsgruppe koordiniert werden sollten. Dabei sind Verantwortlichkeiten und Zuständigkeiten zu klären.

Legen Sie gemeinsam und schriftlich fest, wer was, wann, mit wem, wie zu tun hat und benennen Sie Indikatoren zur Feststellung von Fortschritten, unbeabsichtigten Nebenwirkungen, Sackgassen. Planen Sie Zwischenziele und Stationen ein, an denen evaluiert wird, ob die Richtung noch stimmt, welche Schwierigkeiten aufgetreten sind, ob schon erste Erfolge sichtbar werden. Brauchen Sie noch zusätzliche Ressourcen oder Kompetenzen? Wie verändern sich Ziele beim Näherkommen? Sind die unerwünschten Nebenwirkungen schlimmer als der Ausgangszustand oder die erwartete Verbesserung?

Der Ausgangszustand und der Veränderungsprozess sollten dokumentiert werden, damit Fortschritte nachweisbar sind und aus dem Ver-lauf Erkenntnisse für künftige Vorhaben gezogen werden können. Festzulegen ist auch, wer unter welchen Umständen das Vorhaben abbrechen kann, um Schaden oder unvertretbare und ungewollte Wirkungen zu verhindern. Eingriffe in Systeme laufen nicht selten „aus dem Ruder". Die folgende Übersicht fasst die Schritte im Organisationsentwicklungsprozess zusammen.

Schritte im kollegialen Organisationsentwicklungsprozess

1. Belastungs-Ressourcen-Bilanz: Besinnung auf individuelle Wünsche für Veränderungen an der Schule (Einzelarbeit).

Gruppenarbeit:

2. Kondensierung der Sammlung zu gemeinsamen Wünschen nach Reduzierung von Belastungen und Stärkung von Ressourcen.
3. Was soll sein? Konzentration auf ein bis zwei Vorhaben.
4. Welche Lösungen kommen in Betracht?
   ▸ Welche Elemente muss eine Lösung haben? Was muss an Positivem aus der jetzigen Situation bei einer Veränderung erhalten bleiben?
   ▸ Was darf eine Lösung „kosten" (Geld, Zeit, psychischer Aufwand, Gewohnheiten, Macht und Einfluss ...)?
   ▸ Welche Ressourcen/Kompetenzen haben wir selbst, welche müssen wir uns besorgen?
   ▸ Wer ist zu beteiligen?
   ▸ Welche materiellen, systemischen und personellen Widerstände sind zu erwarten? (Methoden siehe Teil 5, z. B. Kraftfeldanalyse, SOFT-Analyse)

Plenum (Gesamtkonferenz):

5. Lösungsauswahl und Handlungsplanung
   ▸ Wer macht was, wann, mit wem?
   ▸ Wer koordiniert die verschiedenen Aktivitäten?
   ▸ Woran merken wir, dass es besser wird?
   ▸ Wann machen wir eine Zwischenbilanz/Evaluation?

(siehe auch die Beiträge in DAK 2011)

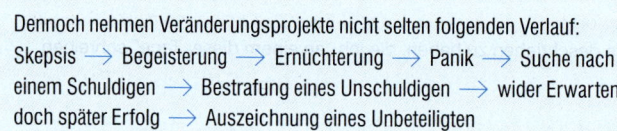

Dennoch nehmen Veränderungsprojekte nicht selten folgenden Verlauf:
Skepsis $\longrightarrow$ Begeisterung $\longrightarrow$ Ernüchterung $\longrightarrow$ Panik $\longrightarrow$ Suche nach einem Schuldigen $\longrightarrow$ Bestrafung eines Unschuldigen $\longrightarrow$ wider Erwarten doch später Erfolg $\longrightarrow$ Auszeichnung eines Unbeteiligten

Mein bester Freund öffnete die Kommodenschublade seiner Ehefrau und holte ein in Seidenpapier verpacktes Päckchen heraus. Es ist nicht irgendein Päckchen, sondern ein Päckchen mit Unterwäsche darin. Er warf das Papier weg und betrachtete die Seide und die Spitze.

„Dies kaufte ich, als wir zum ersten Mal in New York waren. Das ist jetzt acht oder neun Jahre her. Sie trug es nie. Sie wollte es für eine besondere Gelegenheit aufbewahren. Und jetzt, glaube ich, ist der richtige Moment gekommen!"

Er näherte sich dem Bett und legte die Unterwäsche zu den anderen Sachen, die von dem Bestattungsinstitut mitgenommen wurden. Seine Frau war gestorben. Als er sich zu mir umdrehte, sagte er: „Bewahre nichts für einen besonderen Anlass auf! Jeder Tag, den du lebst, ist ein besonderer Anlass." Ich denke immer noch an diese Worte ... sie haben mein Leben verändert.

Heute lese ich viel mehr als früher und putze weniger. Ich setze mich auf meine Terrasse und genieße die Landschaft, ohne auf das Unkraut im Garten zu achten. Ich verbringe mehr Zeit mit meiner Familie und meinen Freunden und weniger Zeit bei der Arbeit.

Ich habe begriffen, dass das Leben eine Sammlung von Erfahrungen ist, die es zu schätzen gilt. Von jetzt an bewahre ich nichts mehr auf. Ich benutze täglich meine Kristallgläser. Wenn mir danach ist, trage ich meine neue Jacke, um in den Supermarkt zu gehen. Auch meine Lieblingsdüfte trage ich dann auf, wenn ich Lust darauf habe, anstatt sie für Festtage aufzuheben.

Sätze, wie z. B. „Eines Tages ..." oder „An einem dieser Tage..." sind dabei, aus meinem Vokabular verbannt zu werden. Wenn es sich lohnt, will ich die Dinge hier und jetzt sehen, hören und machen.

Ich bin mir nicht ganz sicher, was die Frau meines Freundes gemacht hätte, wenn sie gewusst hätte, dass sie morgen nicht mehr sein wird (ein Morgen, das wir oft zu leicht nehmen). Ich glaube, dass sie noch ihre Familie und engen Freunde angerufen hätte. Vielleicht hätte sie auch ein paar alte Freunde angerufen, um sich zu versöhnen oder sich für alte Streitigkeiten zu entschuldigen. Der Gedanke, dass sie vielleicht noch chinesisch essen gegangen wäre (ihre Lieblingsküche), gefällt mir sehr. Es sind diese kleinen unerledigten Dinge, die mich sehr stören würden, wenn ich wüsste, dass meine Tage gezählt sind. Genervt wäre ich auch, gewisse Freunde nicht mehr gesehen zu haben, mit denen ich mich „an einem dieser Tage" in Verbindung hätte setzen sollen. Genervt, nicht die Briefe geschrieben zu haben, die ich „an einem dieser Tage" schreiben wollte. Genervt, meinen Nächsten nicht oft genug gesagt zu haben, wie sehr ich sie liebe.

Jetzt verpasse, verschiebe und bewahre ich nichts mehr, was uns Freude und Lächeln in unser Leben bringen könnte. Ich sage mir, dass jeder Tag etwas Besonderes ist ... jeder Tag, jede Stunde sowie jede Minute ist etwas Besonderes.

http://geschaut.com

27

Schulinterne Gesundheitsförderung – Ressourcen und Maßnahmen

In der folgenden Tabelle finden Sie Anregungen, nach positiven Aspekten an Ihrer Schule zu suchen, die Sie als Energiequelle nutzen und gemeinsam zu gesundheitsdienlichen Maßnahmen ausbauen können.

Kollegium – Schulleitung	das haben wir	das fehlt uns	dringend ++ / +	das sollten wir ausbauen ++ / +
gemeinsam vereinbartes Schulethos				
sozial-integrativer Führungsstil				
Balance von Autonomie des Einzelnen und seiner Integration ins Kollegium				
kollegiales Klima, gegenseitige Unterstützung				
regelmäßige Rückmeldungen zur eigenen Arbeit				
geregeltes, präventives Krisenmanagement; Probleme werden sachlich gelöst				
gemeinsame Freizeitaktivitäten, private Kontakte				
Kooperation, Absprachen, Teams, Arbeitsgruppen …				
Austausch von Ideen, Materialien; gemeinsame Unterrichtsplanungen, Projekte				
bedarfs- und bedürfnisgerechte Fortbildungs- und Entwicklungsmöglichkeiten				
systemische Fortbildungsplanung im Rahmen der Schulentwicklung				
Förderung von Supervision				
Anerkennung, Ermutigung und Wertschätzung; Nutzen von Unterschieden („Diversity")				
transparente Informationen, Regelungen, Entscheidungen; Partizipation				
Interesse am Wohl der Schüler				

Kollegium – Schulleitung	das haben wir	das fehlt uns	das sollten wir ausbauen dringend + / + +
Verständnis für persönliche Schwächen, Krisen			
offene Kommunikation bei Problemlagen; mehr reden mit als reden über			
gemeinsames Interesse an der Schule und der Schulentwicklung			
Schulleitung nimmt Lehrer in Schutz			
gutes Verhältnis zwischen Schulleitung und den Lehrkräften			
kollegiale Erfahrung in Projektmanagement			
offene Gruppen, wenig Cliquen			
hohes Maß an Selbstdisziplin			
emotionale, pädagogische, administrative Unterstützung durch die Schulleitung			
Verständigung über Unterrichtsmethoden			
Vereinbarungen über Leistungs- und Verhaltensforderungen/Verhaltensregeln und Sanktionen bei Verstößen			
Pflege von Zusammenhalt und gegenseitiger Unterstützung			
Fürsorge in Krisensituationen, Kranken-, Rückkehrgespräche			
Hospitationen und kollegiale Unterrichtsberatung (Vier-Augen-Prinzip)			
Entlastung gesundheitlich beeinträchtigter Lehrpersonen, z.B. durch günstigen Stundenplan, Teamteaching, kollegiale Unterstützung			
regelmäßige Mitarbeitergespräche			
Beobachtung, Anerkennung und Förderung von Engagement			

Schul-Organisation	das haben wir	das fehlt uns	dringend ++ / +	das sollten wir ausbauen ++
Integration von Gesundheitsförderung in die Schulentwicklung				
effiziente innerschulische Organisation, Verwaltung, Delegation				
Lehrerteams mit dezentralen Verantwortungs- und Entscheidungsräumen				
mobilisieren und nutzen außerschulischer Ressourcen; Beratungsdienste				
feste Zeiten (jour fixe ...) für Kooperation, kollegiale Praxisberatung, Fallbesprechungen, Kommunikation, Erfahrungsaustausch, regelmäßige Klassenkonferenzen ...				
effiziente Konferenzen und Besprechungen				
Gesundheitszirkel				
nutzen der rechtlichen und gesetzlichen Spielräume für die Ausgestaltung des Bildungs- und Erziehungsauftrags				
unterstützende und stabilisierende Rituale und Gepflogenheiten				
gerecht empfundene Arbeitsverteilung				
Einsatz von externem Personal für nicht-pädagogische Aufgaben				
Ermutigung zu und Evaluation von Innovationen, Kreativität				
Entschleunigung des Schul-Betriebs; Lernen braucht Zeit: Muße statt Hektik				
ausgewogene transparente Vertretungsregelungen				
Rücksicht auf persönliche Belange bei Einsatzplänen				

Unterrichtsorganisation	das haben wir	das fehlt uns	das sollten wir ausbauen + / dringend + +
leistungsorientierter, ausgewogener, gerecht empfundener Lehrereinsatz, Stundenplan			
Pausen ohne Störungen durch Eltern oder Schüler			
pädagogische Kreativität, Offenheit			
Stärkung musisch-künstlerischer und sportlicher Fächer			
Einbeziehung von Eltern und externen Fachkräften in Lernangebote			
Entzerrung der unterrichtlichen Belastungen durch Tätigkeitswechsel, z. B. mit anderen Lernformen, kreativen Inhalten, Erholungsphasen, Rhythmisierung, Doppelstunden, Epochalunterricht, Blockunterricht, Auflösung des 45-Min.-Taktes; Bewegungspausen			
schaffen von Möglichkeiten für projekthaftes und kontinuierliches Arbeiten			
sinnvolle Nutzungsmöglichkeiten von unvermeidlichen Springstunden			
kontinuierliches Methodentraining für Schülerinnen und Schüler; Stärkung der Eigenverantwortlichkeit fürs Lernen			
kooperative Unterrichtsvorbereitung, Unterrichtsdurchführung			
transparente Leistungsmessung und -bewertung			
gemeinsam genutzter Pool von Unterrichtsvorbereitungen, z. B. für Standardstunden			
gemeinsame Erarbeitung von spezifischen und fächerverbindenden Jahres-Arbeitsplänen			
befristeter schonender Einsatz von gesundheitlich gefährdeten Lehrpersonen, z. B. in kleineren Lerngruppen, Arbeitsgemeinschaften; Klassen-, Kurswechsel u. ä.			

Schülerinnen und Schüler – Eltern	das haben wir	das fehlt uns	das sollten wir ausbauen + / dringend ++
gutes Klima in der Schülerschaft			
angstfreies, aber respektvolles Verhältnis zu den Lehrerinnen und Lehrern			
hohe Lern- und Leistungsbereitschaft			
wenig Aggression, Vandalismus, Gewalt, Disziplinprobleme			
funktionierende Schüler-Streitschlichtung			
hohe Identifikation mit der Schule			
konfliktarme Zusammenarbeit mit Eltern			
lebendiges Interesse der Eltern an der Schulentwicklung			
wenige Streitpunkte mit Eltern			
schwächere Schüler werden gefördert			
Beobachtung, Anerkennung und Förderung von sozialem Engagement bei Schülern			
kommunikative Gestaltung des gemeinsamen Mittagessens für die Schüler, z. B. durch Vorlesen			
Anerkennungen besonderer Schüler-Leistungen			
Lehrer kennen die Schüler auch anderer Klassen			
Diskurs mit Eltern/Betrieben zur Erziehungsverantwortung			
kooperative, interessierte Schülervertretung			

Arbeitsumfeld	das haben wir	das fehlt uns	dringend ++ + /	das sollten wir ausbauen ++
lernanregende Gestaltung der Klassenräume				
kommunikative Gestaltung des Lehrerzimmers als Ort des Wohlfühlens und der Erholung				
freundliche Gestaltung der Räume und näheren Schul-Umgebung				
Arbeitsplätze für Lehrerinnen und Lehrer				
Einrichtung der Klassenräume als „Arbeitszimmer" des Klassen- oder Fachlehrers				
Lärmeindämmung, Einrichtung von Ruhezonen				
regelmäßige Lüftung in den Klassenräumen				
ausreichende Ausstattung, Technik				

(siehe auch Krause u. a. 2010, www.dnbgf.de, www.baua.de)

Widerstände gegen Veränderungen

Leiden ist leichter als Lernen

Trotz der immer wieder beklagten Belastungssituation des Lehrerberufs ist es in Kollegien mitunter mühsam, ein gemeinsames Vorgehen zur Verbesserung der Arbeitssituation zu organisieren; dies liegt auch an bestimmten Organisationsmerkmalen von Schule (Brägger/Posse 2010; Schumacher 2010; Kliche 2010). Der „Leidensdruck" wird von den Einzelnen unterschiedlich stark empfunden und ruft verschiedene Intensitäten von Änderungsbedürfnis und Änderungsbereitschaft hervor. Menschen ertragen durchaus Strapazen und Stress, wenn sie sich damit verwirklichen, bestimmte Ziele erreichen, Wertvorstellungen realisieren, Ansprüche an sich selbst erfüllen.

Der Punkt, an dem Leiden oder Sehnsucht in handelndes Lernen umschlägt, ist individuell sehr verschieden. Menschen sind normalerweise dann bereit, sich zu verändern, wenn sie es nicht mehr aushalten oder etwas Besseres finden, d. h. erst wenn ein Ist-Zustand so nachteilig oder aversiv ist, dass sich die Mühe einer Neuorientierung lohnt – oder wenn ein neues attraktives Ziel so stark lockt, dass man die bisherigen Routinen und Gewohnheiten oder gar die Lebensweise aufgibt – manchmal recht vorschnell. Vorsätze sind zwar leicht gefasst, aber nachhaltige Verhaltensänderung ist anstrengend und von Rückfällen bedroht.

Subjektive Theorien

Der Mensch kann nicht zu neuen Ufern aufbrechen, wenn er nicht den Mut aufbringt, die alten zu verlassen.
A. GIDE

Änderungsbedürfnis und Veränderungsbereitschaft hängen ganz wesentlich von „subjektiven Theorien" ab, diese sind Modelle von Wirklichkeit. Damit versuchen wir, uns die Welt zu erklären, Zusammenhänge zwischen Ereignissen und Erscheinungen, Ursache und Wirkung in unserer Erlebniswelt herzustellen. Denn jeder hat seine eigene Wirklichkeit im Kopf, seine eigene Sicht auf die Dinge, abhängig von seiner Sozialisation, seinem Wissen, seinen Kompetenzen, Erwartungen und Aufgaben. Diese Modelle können mehr oder minder differenziert der „objektiven" Wirklichkeit angemessen sein.

Subjektive Theorien können aber auch als Überzeugungen, Vorurteile, Selbstverständlichkeiten, Werthierarchien in Erscheinung treten. Bei Lehrerinnen und Lehrern entscheiden sie z. B. darüber, welches Schülerverhalten sie für (noch) angemessen halten, wie sie sich bestimmtes Verhalten erklären und welche Interventionen sie bei Regelverstößen fordern, wie der eigene Einsatz für Schule dosiert wird, was ein guter Lehrer ist und wie sie mit Erwartungen von Schulleitungen, Kollegen und Eltern umgehen.

Die subjektiven Theorien von Schulleiterinnen und Schulleitern darüber, wie Menschen oder eine Schule zu führen sind, was eine gute und gesunde Schule ist usw., wirken sich u. a. auf ihren Führungsstil und ihre Innovationskonzepte aus. Auch Lehrkräfte und Eltern haben subjektive Theorien über eine gute Schule und Schulleitung; sie müssen nicht unbedingt mit den subjektiven Theorien der Schulleitung konform sein. Wenn darüber nicht kommuniziert wird, resultieren daraus Konflikte und Misstrauen.

Veränderungen verursachen Widerstand

Organisationsentwicklung ist deswegen so schwierig, weil Veränderungen dort anfangen, wo sie dem größten Widerstand ausgesetzt sind: im Kopf der Menschen.

Neue Ziele oder neue Wege bedeuten immer auch ein Infragestellen und Umlernen von persönlichen Handlungs- und Denkweisen. Berufliche Veränderungen bleiben in der Regel nicht in Äußerlichkeiten stecken; sie wirken bis auf das Selbstverständnis einer Person. Sie fordern Umstrukturierungen bis in die Privatsphäre hinein.

Veränderungen können Wertkonflikte verursachen, weil neue Ziele vielleicht Umgewichtungen von Grundsätzen bedeuten. Ein partizipativer Führungsstil z. B. verlangt von den Führungskräften Relativierung der eigenen „Weisheit" und Aufwertung der Meinung anderer.

Veränderungen bedeuten nicht selten auch Machtkonflikte, wenn eigene Befugnisse, Hierarchien und Einflusssphären tangiert werden. Sie bringen oft auch praktische Konflikte bei der Durchführung mit sich, weil nicht alles von vornherein geregelt werden kann und der Teufel im Detail steckt. Sie enthalten deswegen ein gewisses Angst- und Konfliktpotenzial, denn individuelle und kollegiale Sicherheiten, Routinen müssen aufgegeben, unbekanntes Neuland betreten werden. Sie stören mitunter liebgewordene soziale Beziehungen, weil sich z. B. die informellen Rangordnungen und Zuständigkeiten ändern.

Alle Bemühungen scheitern, wenn man nicht bereit ist, eigene Überzeugungen zu überdenken, Denken und Handeln neu auszurichten, loszulassen, Situationen neu zu bewerten. Ohne Umdenken keine Verhaltensänderung – nicht in der Interaktion und nicht in Bezug auf die eigene Selbstorganisation.

Widerstand gegen individuelle Verhaltensänderungen entsteht aber auch, wenn die Rahmenbedingungen so ungünstig sind, dass ohnehin fast alle Energie dafür aufgewendet werden muss, dennoch seine Arbeit verantwortlich zu tun, und keine Reserve mehr für Umlernen und Umdenken besteht.

> Viele setzen sich so lange kopfschüttelnd vor die Suppe, bis ein Haar hineingefallen ist.
> G. C. LICHTENBERG

Veränderung bedeutet Unsicherheit

Das alles bringt Turbulenzen im Lebensstil und – zumindest vorüberge-hend – verwundbare Unsicherheit mit sich. Mit dem gewohnten Verhal-ten weiß man, was man hat; die Konsequenzen sind berechenbar, selbst wenn sie leidvoll sind. Sich auf neue Ziele, Verhaltensweisen oder Struk-turen einzulassen, bedeutet, den „Spatz in der Hand" aufzugeben, ohne sicher zu sein, „die Taube fangen" zu können.

Noch schwerer wird es, wenn interaktionale Gruppen oder Systeme von Veränderungen betroffen sind. Aus den oben dargestellten Grün-den sind einhellige Zustimmung oder einheitliches Vorgehen selbst bei starkem Leidensdruck nicht zu erwarten. Auch hier gilt, dass erst ein be-stimmter Grad von kollektiver Unzufriedenheit erreicht werden muss, bevor Meinungen und Verhaltensweisen geändert werden. Und selbst wenn ein neues Ziel vereinbart werden konnte, über den Weg dahin lässt sich immer noch trefflich streiten.

Veränderungsparadox

In Organisationen taucht oftmals ein Paradoxon auf: Auch wenn ihre An-gehörigen Innovationen oder Reformen einsehen und akzeptieren, oder gar selbst fordern, sind sie nicht unbedingt auch bereit, die organisato-rischen Veränderungen durch gleichzeitig notwendige individuelle Ver-haltensänderungen zu stützen (Reiß 1997). Es besteht da eine gegen-seitige Abhängigkeit. Individuelle Verhaltensänderungen sind wenig dauerhaft, wenn sich die Rahmenbedingungen, die das alte Verhalten be-lohnt und gefestigt haben, nicht verändern. Das lässt sich an dem extre-men Beispiel „Suchtverhalten" deutlich machen. Ebenso wenig können Innovationen in Systemen erfolgreich umgesetzt werden, wenn die Men-schen ihr Verhalten nicht anpassen. Gescheiterte Unternehmensfusionen, bei denen die unterschiedlichen Kulturen nicht beachtet werden, zeigen dies zur Genüge. Dies gilt verschärft in Institutionen ohne direkte Hierar-chie und Weisungsbefugnis wie in der Schule.

> Der Wert eines Di-alogs hängt vor al-lem von der Vielfalt der konkurrieren-den Meinungen ab.
> K. R. POPPER

Diversity und Widerstand

Dies alles führt dazu, dass Schulleitungen und Kollegien nicht 100-pro-zentigen Konsens als Voraussetzung für einen Veränderungsprozess ver-folgen sollten. Damit überfordern sie ein System. Manchmal muss man mit einer kleinen Zelle anfangen. Verzicht auf Konsens heißt jedoch nicht Beliebigkeit: Verständigung ist gefordert, Offenheit, Leichtigkeit der Kommunikation, Vertrauen und gegenseitige Unterstützung, Bereitschaft zum Experimentieren und Ausprobieren – bei Toleranz abweichender

Meinungen. Aus der Vielfalt erwächst mitunter neue Energie. Toleranz heißt: Der andere könnte vielleicht doch recht haben.

Diese Unterschiedlichkeit (*Diversity*) mag engagierte Reformer, kreative Schulleiterinnen und Schulleiter, ungeduldige Kollegien nerven. Wer diese Unterschiedlichkeit nicht berücksichtigt, sondern von seinen Ideen überzeugt mit Elan „vorprescht", wird zwar Gleichgesinnte finden, aber auch viel Widerstand ernten.

Widerstand muss nicht bedeuten, dass sich die Betreffenden grundsätzlich gegen Veränderung wehren; vielleicht wehren sie sich nur dagegen, verändert zu werden ohne mitreden zu dürfen. So kommt es zu den klassischen Verweigerungen: „Das war schon immer so – Das haben wir noch nie so gemacht – Da könnte ja jeder kommen."

Rücksichtnahme bietet aber gleichzeitig eine große Chance, nicht die erstbeste Lösung eines Problems als die einzige und richtige anzusehen, sondern im Diskurs die Sichtweisen zu kommunizieren und gemeinsame Lösungswege zu finden.

Dennoch gilt: Der Aufbruch und der Weg zu einer guten und gesunden Schule kann nicht in die Beliebigkeit eines Kollegiums gestellt werden. Die Weiterentwicklung einer so zentralen gesellschaftlichen Institution wie die Schule darf nicht von der Freiwilligkeit der Lehrerinnen und Lehrer oder Schulleitungen abhängen.

> Nicht eine gemeinsame Zieldefinition lässt die Menschen zusammenarbeiten, sondern der gemeinsame Weg.
> R. SPRENGER

Unterschiedliche individuelle Entwicklungsstufen

Ein weiterer Aspekt für unterschiedlichen Leidensdruck in einem Kollegium ist, dass seine Mitglieder sich auf sehr unterschiedlichen Stufen ihrer Selbstentwicklung befinden können. Dies gilt für ihre schulisch relevanten Kompetenzen, aber auch für ihren persönlichen Reifungsprozess und ihren Umgang mit krisenhaften Situationen:

▸ Was einige sensibel und frühzeitig als Schwierigkeit und Problem wahrnehmen, schieben andere großzügig als Lappalie beiseite, bagatellisieren oder ignorieren Veränderungsbedarf.
▸ Wo einige schon engagiert um Lösungen ringen, hadern andere mit dem Schicksal oder suchen nach Schuldigen.
▸ Worüber die einen sich noch aufregen, lässt andere schon kalt.
▸ Wo einige nach neuen Ufern streben, haben sich andere in Resignation gut eingerichtet und sparen die Energie für den Tennisplatz.
▸ Wo einzelne sich mit gesellschaftlichen und bildungspolitischen Grundsatzüberlegungen profilieren, verausgaben sich andere damit, Schülern Schule trotz aller Widrigkeiten bedeutungsvoll zu machen.

▶ Wo manche darauf warten, dass die Politik ihre Lage verbessert, nehmen andere ihr Schicksal selbst in die Hand und machen ihre Schule liebens- und lebenswert …

Vielfach kann diesen Unterschieden Rechnung getragen werden, indem Personen entsprechend ihren Vorlieben Arbeitsvorhaben zugeordnet werden, die sich mehr mit Verhaltensmanagement bzw. Verhältnismanagement befassen.

Es wird selten gelingen, allen eine gemeinsame Sicht- und Erlebnisweise zu vermitteln, und das wäre vielleicht auch gar nicht so wünschenswert, denn aus der Vielfalt erwächst Kreativität.

Folgende Fragen können helfen, erwarteten Widerstand und Widerspruch zu reflektieren:

▶ Welche Hypothesen haben wir über die Entstehung der Probleme?
▶ Welche Lösungsversuche wurden mit welchem Erfolg bereits unternommen?
▶ Welche Sachzwänge, Entwicklungen, Traditionen, Regeln bestehen in Bezug auf das Problem?
▶ Wer hat Interesse an der Veränderung und aus welchen Motiven?
▶ Wer möchte, dass es so bleibt – und warum?
▶ Was passiert, wenn nichts passiert?
▶ Was sind unsere Glaubenssätze in Bezug auf unsere Selbstwirksamkeit? Haben wir die Fähigkeiten und Ressourcen für eine Veränderung?
▶ Welche Erfahrungen haben wir als Kollegium mit Planungen und Beschlüssen?
▶ Wie motivieren wir uns? Wollen wir etwas vermeiden oder etwas gewinnen?
▶ Was sind die „Kosten" einer Veränderung; welchen „Preis" müssen wir zahlen? Wie sieht die Gewinn-Verlust-Bilanz der geplanten Veränderung aus?
▶ Was ist das Gute an der derzeitigen Situation? Wie können wir das Gute erhalten und die Nachteile verringern?
▶ Was/wer hindert uns, es anders zu machen?

Die Zweifler und Zögerer sind manchmal ein gutes Gegengewicht gegen die vorschnelle Innovationseuphorie. Brecht hat ihnen in seinem Gedicht „Der Zweifler" ein Denkmal gesetzt.

Der Zweifler

Immer wenn uns
Die Antwort auf eine Frage gefunden schien
Löste einer von uns an der Wand die Schnur der alten
Aufgerollten chinesischen Leinwand, so daß sie herabfiel und
Sichtbar wurde der Mann auf der Bank, der
So sehr zweifelte.

Ich, sagte er uns,
Bin der Zweifler, ich zweifle, ob
Die Arbeit gelungen ist, die eure Tage verschlungen hat.
Ob was ihr gesagt, auch schlechter gesagt, noch für einige Wert hätte.
Ob ihr es aber gut gesagt und euch nicht etwa
Auf die Wahrheit verlassen habt dessen, was ihr gesagt habt.
Ob es nicht vieldeutig ist, für jeden möglichen Irrtum
Tragt ihr die Schuld. Es kann auch eindeutig sein
Und den Widerspruch aus den Dingen entfernen; ist es zu eindeutig?
Dann ist es unbrauchbar, was ihr sagt. Euer Ding ist dann leblos.
Seid ihr wirklich im Fluß des Geschehens? Einverstanden mit
Allem, was wird? Werdet ihr noch? Wer seid ihr? Zu wem
Sprecht ihr? Wem nützt es, was ihr da sagt? Und nebenbei:
Läßt es auch nüchtern? Ist es am Morgen zu lesen?
Ist es auch angeknüpft an Vorhandenes? Sind die Sätze, die
Vor euch gesagt sind, benutzt, wenigstens widerlegt? Ist alles belegbar?
Durch Erfahrung? Durch welche? Aber vor allem
Immer wieder vor allem anderen: Wie handelt man
Wenn man euch glaubt, was ihr sagt? Vor allem: Wie handelt man?

Nachdenklich betrachteten wir mit Neugier den zweifelnden
Blauen Mann auf der Leinwand, sahen uns an und
Begannen von vorne.

B. BRECHT

28

Die Schlüsselrolle von Schulleitungen

Schulleitungen tragen in besonderem Maße Verantwortung für den Erhalt von Gesundheit, Arbeitszufriedenheit und Leistungsfähigkeit des Personals an der Schule. Sie sollten sich hin und wieder fragen, was sie zur Stärkung der Ressourcen und Kompetenzen, zur Verringerung von Risikofaktoren und zur aktiven Gesundheitsförderung beitragen könnten.

Organisation, Lehrereinsatz, Verwaltung ...	Beziehungsebene, Interaktion, Schulklima ...	Unterricht, Schülerverhalten, Elternarbeit ...
Stärkung der Ressourcen, Kompetenzen ...		
Verringerung von Risikofaktoren		
Wiederherstellung von Gesundheit, Arbeitszufriedenheit und Leistungsfähigkeit		

Menschenbild und Führungsstil

Führungsstile lassen sich grob mit zwei Dimensionen charakterisieren: Nach dem Grad der Wertschätzung der Mitarbeiterinnen und Mitarbeiter und dem Ausmaß von Lenkung, Bevormundung. Wo ordnen Sie sich in dem Koordinatenfeld mit Ihrem Führungsverhalten ein? Sieht das Kollegium/ein kritischer Freund das auch so (Beispieläußerung)?

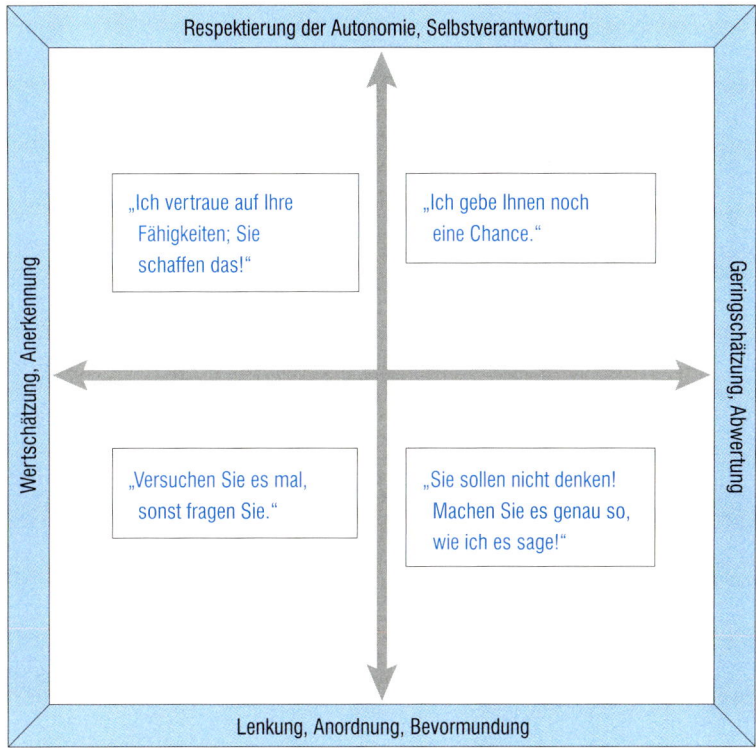

Abb. 3: Dimensionen des Führungsstils

Vertiefende Fragen
▸ Verhalten Sie sich gegenüber allen Mitarbeiterinnen und Mitarbeitern gleichermaßen?
▸ Bei wem machen Sie Unterschiede und woran liegt das?
▸ Welche Reaktionen bekommen Sie von den Betroffenen zurück?
▸ Wie reagieren Zuschauer, andere Beteiligte?
▸ Welche Wirkungen hat Ihr Führungsstil auf das Kollegium (Klima, Kooperation, Solidarität, Wohlbefinden, Arbeitseinsatz, Kreativität)?

29

Metaphern zur Beschreibung von Organisationen

In der folgenden Liste finden Sie Metaphern, mit denen man Organisationen charakterisieren kann. Manchmal helfen sie, subjektive Theorien deutlich zu machen. Sie können im ersten Schritt für sich klären, wie Sie Ihre Schule sehen, und dann Ihre Mitarbeiterinnen und Mitarbeiter einladen, ihren Eindruck zu beschreiben. Aus den Diskrepanzen und Trends können fruchtbare Gespräche entstehen, und es lassen sich durchaus Konsequenzen für die Schulentwicklung ableiten (vgl. Neuberger 1989).

Metapher	Beschreibende Begriffe z. B.	Kommentar
Gebäude	Haus, Pyramide, Palast, Zelt, „Teambuilding" ...	
Maschine	Uhrwerk, Motor, Apparat, Drehzahl, Getriebe, PS ...	
Computer	Gehirn, Schaltzentrale, Programmierer, Software, Hardware ...	
Organismus	Wachstum, Krisen, Glieder, Herz, Kopf, Gefühl, Verstand ...	
Persönlichkeit	Charakter, Stil, Identität, Vorbilder, Über-Ich, Stärken, Schwächen ...	
Population	Ökologie, Nische, Überleben, Anpassen, Aussterben ...	
System	Autopoiese, Regelkreise, Vernetzung, Ordnung (Struktur), Störung ...	
Theater	Zirkus, Drama, Rollen, Text, Regisseure, Zuschauer, Schauspieler ...	
Familie	Kleingruppe, Gemeinschaft, Mannschaft, „Truppe", Vater-Mutter-Kinder ...	
Kultur	Staat, Eingeborenenstamm, Tradition, Ethos, Normen, Held, Führer ...	
Polis, Gemeinwesen	Kampf, Spiele, Macht, Spielregeln, Drahtzieher, Strategen, Anhänger ...	

Zusammenfassung Ihrer schulischen Analyse-Ergebnisse

 30

Beantworten Sie dazu die folgenden Fragen:

▸ Was ist Ihre wichtigste Erkenntnis über Ihre Schule?

▸ Wo liegen die Stärken/Ressourcen Ihrer Schule?

▸ Wo liegen schwerpunktmäßig die Belastungen?

▸ Sehen Kolleginnen und Kollegen das ähnlich?

▸ Wo sehen Sie Möglichkeiten für gemeinsame Änderungsprozesse?

▸ Wo könnten Sie Unterstützung finden?

31

Matrix zur Lehrergesundheit an Ihrer Schule

Die Matrix zur Lehrergesundheit kann Sie auf Ideen bringen, wie an Ihrer Schule die Kräfte und Kompetenzen zum Erhalt von Gesundheit, Arbeitszufriedenheit und Leistungsfähigkeit aktiviert, gebündelt und gestärkt, dem Verschleiß vorgebeugt und gegebenenfalls die Dienstfähigkeit erhalten werden können.

Zielrichtungen	Ansatzpunkte für Maßnahmen zur Lehrergesundheit	
	Individuum: Was könnte für den Einzelnen hilfreich sein?	Kollegium: Was könnte uns als Schule weiterbringen?
Stärkung von Ressourcen		
Prävention		
Wiederherstellung		

Gesundheitszirkel in der Schule

Gesundheitszirkel – was versteht man darunter?

Gesundheitszirkel stellen eine Variante von Qualitätszirkeln dar. Diese sind seit den 80er-Jahren in Unternehmen eingerichtet worden, um die Erfahrungen und Kenntnisse der Mitarbeiterinnen und Mitarbeiter für die Verbesserung der Qualität von Produktion und Betriebsabläufen zu nutzen. Analog dazu haben Gesundheitszirkel in der Schule zum Ziel, die physische und psychische Gesundheit von Lehrkräften und Schulleitungen zu erhalten und zu fördern.

> Es gibt viele Gründe, die Dinge so zu lassen, aber nur einen einzigen, etwas zu verändern: Du hältst es einfach nicht mehr aus.
> AUTOR UNBEKANNT

Perspektiven für die Schule

Der Gesundheitszirkel befasst sich mit den gesundheitlichen Risiken am Arbeitsplatz Schule unter Berücksichtigung der Wechselwirkungen zwischen Arbeitsbedingungen einerseits und individuellen Voraussetzungen von Personen andererseits. Es geht vorrangig um die Identifizierung und Reduzierung vermeidbarer systembedingter organisatorischer und personenbezogener Belastungsfaktoren sowie um die Verstärkung von Faktoren, die die Arbeitszufriedenheit und Leistungsfähigkeit des an der Schule beschäftigten Personals fördern.

Vorwiegend psychische Belastungsfaktoren in der Schule

Je nach Schulart, Unterrichtsfächern, baulichen Gegebenheiten u. a. ist die Belastung von Lehrkräften und Schulleitungen sehr unterschiedlich. Alle einschlägigen Untersuchungen belegen, dass die vorrangigen Belastungsfaktoren in der Schule psychischer Natur sind. Die physische Belastung von Lehrkräften wird in der Regel als normal bezeichnet; am ehesten wird noch über Lärmbelastung und schlechte Luft (CO_2) in den Klassenräumen geklagt.

Durch das Aufdecken der Belastungsquellen und das Erarbeiten entsprechender Veränderungsvorschläge durch einen Gesundheitszirkel, kann sich eine umfassende Gesundheitsförderung entwickeln, die unmittelbar Veränderungen gesundheitsriskanter Einstellungen und Verhaltensweisen bewirken.

Gesundheitszirkel und Qualitätsmanagement

Zwischen dem Qualitätsmanagement einer Schule und dem Bemühen um Arbeitsbedingungen, die zumindest nicht gesundheitsschädigend sind, bestehen Zusammenhänge. Daher empfiehlt es sich, Gesundheitszirkel als integralen Bestandteil der betrieblichen Gesundheitsförderung mit dem Qualitätsprogramm der Schule im Sinn einer guten und gesunden Schule zu verknüpfen und aufeinander abzustimmen.

Man kann den Wind nicht verbieten, aber man kann Mühlen bauen.
SPRICHWORT

Zusammensetzung eines Gesundheitszirkels

In einem Gesundheitszirkel sollten alle Gruppierungen einer Schule vertreten sein, jedoch nicht mehr als neun Personen. Der Sicherheitsbeauftragte der Schule sollte in jedem Falle beteiligt werden.

Zumindest ein Teil der Mitglieder des Gesundheitszirkels sowie die Leitung sollten über Grundkenntnisse der Stress- und Belastungsforschung verfügen. Die Leitung sollte zweckmäßigerweise Erfahrungen mit Moderation haben. Sie muss nicht notwendigerweise zur selben Schule gehören. Dies wird sich jedoch nicht immer erreichen lassen, da die Verfügbarkeit externer Moderatoren begrenzt ist.

Kleinere Schulen können Gesundheitszirkel einrichten, indem sie sich mit benachbarten Schulen zusammentun und voneinander lernen.

Schulleitung und Gesundheitszirkel

Die Frage, ob Schulleitungsmitglieder im Gesundheitszirkel vertreten sein sollen, muss sorgfältig erörtert werden. Dabei ist abzuwägen zwischen einer möglichen Konfrontationsstellung des Gesundheitszirkels zur Schulleitung und der Tabuisierung mancher Themen bei Teilnahme der Schulleitung. Allerdings ist der Blickwinkel der Schulleitung für die Belastungsanalyse eine wichtige Information. Vielfach empfiehlt sich ein Mischmodell, bei dem sich die Schulleitung phasenweise zurückhält. In jedem Fall muss die Einrichtung eines Gesundheitszirkels von der Schulleitung gewollt sein.

Die Schulleitung spielt ohnehin eine entscheidende Rolle, indem sie die Spielräume für Veränderungen weitgehend bestimmt – wenn auch für die Grundfragen der Bildungs- und Erziehungsarbeit in der Regel die Gesamtkonferenz einer Schule zuständig ist.

Arbeitsprinzipien

Ein Gesundheitszirkel sollte zunächst einige Verfahrensfragen klären, z. B. Häufigkeit der Sitzungen, Protokollierung, Verbindlichkeit einer regelmäßigen Teilnahme, Verschwiegenheitspflicht usw.

Die Häufigkeit und Intensität von Treffen hängen eng mit dem Arbeitsprozess zusammen und unterliegen Schwankungen. Auch die Dauer der Arbeit muss vereinbart werden, z. B. Begrenzung auf ein Schuljahr, ebenfalls die Art der Zusammenarbeit mit anderen Arbeitsgruppen der Schule, etwa im Zusammenhang mit dem Qualitätsmanagement.

Grundsätzlich könnten folgende sechs Prinzipien handlungsleitend sein:

1. Das gemeinsame Bemühen um gesundheitsförderliche Bedingungen an der Schule und die Reduzierung von Belastungen sollte als Prozess angesehen werden, der kein vorab präzise definierbares Ziel hat. Im Verlauf der Arbeit werden sich Ziele, Ansichten, Prioritäten usw. ändern. Es gilt, zwischen Beliebigkeit und Rigidität flexibel zu bleiben. Deswegen sollten die Ausgangssituation sowie Schritte und Zwischenziele fortlaufend dokumentiert (man vergisst zu leicht, wie es einmal gewesen ist) und evaluiert werden, damit der Prozess nachvollziehbar und kommunizierbar bleibt.

2. Nur solche Vorhaben in Angriff nehmen, die mit Mitteln der eigenen Schule oder mit Unterstützung kooperierender Institutionen umgesetzt werden können. Die Senkung der Unterrichtsverpflichtung, die Stärkung der Erziehungsverantwortung der Eltern, die Reduzierung von Klassenfrequenzen und dergleichen sind wünschenswert, aber mit den Mitteln einer einzelnen Schule kaum erreichbar.

3. Gruppierungen im Lehrpersonal und die anderen Mitarbeiterinnen und Mitarbeiter, vielleicht sogar die Schüler, sind unbedingt in die Arbeit des Gesundheitszirkels einzubeziehen.

4. Die Gesundheitsförderung der Lehrenden hängt mit der Gesundheitsförderung der Lernenden zusammen. Arbeitserleichterungen für die Beschäftigten dürfen nicht auf Kosten der Schülerinnen und Schüler gehen. Der Bildungs- und Erziehungsauftrag der Schule hat Vorrang. Gut ist, wenn beides zusammenpasst: Engagierte und ausgeglichene Lehrkräfte sind eine wichtige Voraussetzung für gute Unterrichts- und Erziehungsarbeit, und Schülerinnen und Schüler, deren Grundbedürfnisse erfüllt sind, können eher Verantwortung für ihr Lernen und Verhalten übernehmen.

5. Den Zusammenhang zwischen individuellem Verhalten und institutionellen Arbeitsbedingen beachten: Ob Arbeitsbedingungen eine Belastung oder eine Herausforderung darstellen, hängt bis zu einem gewissen Grad auch von den persönlichen Voraussetzungen des Einzelnen, seinen Kompetenzen, Leitvorstellungen, Lebensumständen und seinem Berufsbild ab. Nur sollten nicht die psychisch „Starken" die weniger belastbaren Kolleginnen und Kollegen dominieren – und umgekehrt.

6. Das Umfeld der Schule mit einbeziehen im Sinne von: Betroffene zu Beteiligten machen. Schule ist Teil des Gemeinwesens und beeinflusst von gesellschaftlichen und lokalen Interessen. Sie steht in Wechselwirkung mit der Elternschaft, dem Schulträger, Institutionen und Behörden, die unterstützend oder hemmend wirken können. Dies könnte berücksichtigt werden, indem der Gesundheitszirkel hin und wieder Vertreter anderer Institutionen als Gast einlädt.

Vorgehen und Umsetzung

Am Beginn der Arbeit des Gesundheitszirkels steht eine Belastungsanalyse, die sich im schulischen Kontext vorrangig auf psychische Belastungen konzentrieren dürfte. Instrumente für eine Bestandsaufnahme finden sich in diesem Buch und zahlreich in der Literatur zum Qualitätsmanagement und können entsprechend modifiziert werden.

Nach dieser IST-Analyse folgen eine gemeinsame Gewichtung der identifizierten Belastungsfaktoren. Auf dieser Basis werden Lösungsvorschläge zur Reduzierung der Belastungen bzw. zur Stärkung gesundheitsförderlicher Faktoren entwickelt.

Der Erfolg von Gesundheitszirkeln hängt zum einen davon ab, wie zutreffend Belastungsfaktoren diagnostiziert und passende Veränderungsvorschläge praktikabel ausgearbeitet werden; dafür trägt der Gesundheitszirkel die Verantwortung. Zum anderen müssen die für die Realisierung notwendigen Spielräume und die Unterstützung von zuständigen Personen und Institutionen gewonnen werden. Das hängt wiederum ab von der Überzeugungsarbeit des Gesundheitszirkels, der Bereitschaft von Schulleitung und Kollegium zu Veränderungen und dem Engagement der Beteiligten für die konkrete Umsetzung der Handlungsschritte.

Für das Vorankommen ist nicht der Wind verantwortlich, sondern wie man seine Segel setzt.
SPRICHWORT

5. Verfahren zur Sammlung von Ideen und zur Entscheidungsfindung

Verfahren zur Sammlung von Ideen und zur Vorbereitung von Entscheidungen

Die nachfolgende Zusammenstellung von gängigen Methoden für die Entwicklungsarbeit in Gruppen oder Klassen (manche lassen sich auch für die individuelle Klärungsarbeit nutzen) dient lediglich als Anregung; sie erhebt keinen Anspruch auf Vollständigkeit oder Exklusivität.

Wenn dein einziges Werkzeug der Hammer ist, wirst du alles wie einen Nagel behandeln.
A. MASLOW

Diese Moderationsverfahren haben sich vielfach als Instrumente bewährt, in Gruppen schnell zu einer „Ideenbank" zu kommen, auf der Analysen und Entscheidungen aufgebaut werden können. Der immense Vorteil liegt in der Visualisierung, die den jeweils erreichten Arbeitsstand für alle sichtbar dokumentiert, und in der Disziplinierung der Arbeitsgruppe in Bezug auf voreilige Diskussionen, Vielredner und vorschnelle Einengung auf Lösungen usw. Dies ist eine wirksame Barriere, den Arbeitsprozess damit aufzuhalten, dass Beiträge zerredet werden, Polarisierungen die Gruppe belasten, Einzelne sich zurückziehen, dominante Redner ihre Lieblingstheorien verbreiten und am Ende die wirklich weiterführenden Ideen gar nicht auf den Tisch kommen.

Bei geringen Vorerfahrungen eines Kollegiums mit solchen Arbeitsformen sollte es sich zumindest am Anfang der Unterstützung eines kompetenten externen Beraters versichern, der mit diesen Methoden vertraut ist. Andernfalls kann ein fehlerhaft angewendetes Verfahren zu Verdruss und Enttäuschung führen, was unter Umständen den gesamten Entwicklungsprozess gefährdet.

Ein Missbrauch der Methoden besteht auch darin, dass Abfragen „stehen bleiben", ohne zu weiteren Schritten und Aktionen zu führen nach dem Motto: „Gut, dass wir darüber geredet haben" – und sicher auch bei der „Überstrapazierung" der Methoden.

Brainstorming

 32

Ziel ist es, möglichst viele Ideen zu einem Problemkreis/Thema in möglichst kurzer Zeit zu sammeln, ohne dass Ideen frühzeitig zerredet werden, Meinungsführer sich durchsetzen und Redeungewandte sich zurückhalten oder nicht zu Wort kommen.

Material: Wandzeitung oder Flipchart, Tafel, Overhead-Projektor, Laptop mit Beamer, Stifte

Gruppengröße: ca. drei bis 30, je nach Erfahrung und Disziplin in der Gruppe

Zeitbedarf: abhängig von der Gruppengröße

Vorgehen

Die Fragestellung wird möglichst präzise definiert, z.B.: „Wie könnten wir unser Lehrerzimmer „aufenthalts-freundlicher" gestalten?"

Wichtig

▸ Die Ideen/Beiträge werden – ohne weitschweifige Erläuterung oder Begründungen – kurz und stichwortartig einem Protokollanten zugerufen; gegebenenfalls schlägt dieser eine treffende Kurzformulierung vor.

▸ Es wird *keine* Kritik geübt; *keine* Kommentare, *kein* „Wenn und Aber" – verbal oder nonverbal!

▸ *Alle* Ideen werden notiert – *jeder* muss Gelegenheit für einen Beitrag haben. *Jeder* Beitrag ist gleichberechtigt; *jede* Idee ist wertvoll genug, notiert zu werden.

▸ Bei ähnlichen Beiträgen wird *kurz* geklärt, ob es sich um einen neuen Aspekt oder eine Variante handelt. Gewiefte Protokollanten können schon beim Notieren etwas Gruppieren.

▸ Unter Umständen kann eine zusätzliche Regel sein, dass Ideen mit schon vorhandenen verbunden bzw. aus ihnen entwickelt werden müssen.

Am Ende werden die Beiträge nach bestimmten Themen/Kriterien gruppiert, Doppelnennungen eliminiert; dabei können *kurze* Erläuterungen zum inhaltlichen Verständnis notwendig werden.

Die weitere Verarbeitung hängt von der Zielstellung ab, z.B. durch Punkte gewichten, thematische Arbeitsgruppen bilden usw. Gegebenenfalls kann eine andere Methode weiterführen.

33

Brainwriting/Kartenabfrage

Prinzipiell gleiches Vorgehen; die Teilnehmer *schreiben* jedoch ihre Ideen auf Kärtchen (z. B. DIN A6 quer) und heften sie an eine vorbestimmte Stelle, z. B. Pinwand, Flipchart, Wandzeitung oder legen sie auf den Fußboden zum einfachen Ordnen.

Gegebenenfalls kann mit verschieden farbigen Karten eine thematische Gruppierung nach bestimmten Aspekten erfolgen, im Beispiel *Lehrerzimmer* etwa nach „Anschaffungen" – „Verhaltensregeln" – … (vgl. Szenariotechnik).

Wichtig
▸ Groß schreiben (Filzstift), damit das Kärtchen aus einiger Entfernung gelesen werden kann.
▸ Immer nur *eine* Idee auf ein Kärtchen, sonst kann man nicht ordnen und gruppieren.

 34

Szenariotechnik

Bei der Szenariotechnik handelt es sich um eine Variante des Brainstorming/-writing. Das Vorgehen ist im Prinzip dasselbe, aber die Fragestellung wird zusätzlich strukturiert: z. B. „Welche Stressfaktoren könnten wir abbauen im Bereich: Unterrichtsorganisation – Verwaltung – Interaktion?" Die Kategorien sind prinzipiell frei wählbar; sie sollen nur der strukturierenden Ordnung dienen.

Unterrichtsorganisation	Verwaltung	Interaktion

Die Ideen werden wiederum schriftlich gesammelt (Kartenabfrage) auf verschiedenen Flipcharts oder in Feldern auf dem Boden. Weiteres Vorgehen wie beim Brainstorming.

Wichtig
▸ Groß schreiben (Filzstift), damit die Beiträge aus der Entfernung gelesen werden können.
▸ Immer nur *eine* Idee auf ein Kärtchen, sonst lässt sich schlecht ordnen und gruppieren.

Nominalgruppentechnik (NGT)

 35

Eine weitere Variante des Brainstorming ist die Nominalgruppentechnik (NGT). Der Name besagt, dass die Gruppe nur nominell eine Gruppe ist, nicht aufgrund ihrer Interaktion/Struktur.

Ein wesentliches Merkmal der Nominalgruppe ist der gleiche Rang, den alle Mitglieder in der Gruppe einnehmen. Während die Lösungssuche in der konventionellen Gruppenarbeit oft von dominanten Personen beeinflusst werden und leicht zu Unterdrückung und Rückzug Einzelner führen, konzentriert sich die Nominalgruppentechnik auf problemzentriertes Arbeiten. Im Unterschied zum Brainstorming werden die Beiträge reihum abgefragt, bis keine neuen Aspekte mehr benannt werden.

Material: Wandzeitungen, Klebepunkte
Gruppengröße: maximal zwölf

Vorgehen

1. Das zu behandelnde Problem wird in einer konkreten Frage formuliert und zu Papier gebracht. Jeder Teilnehmer schreibt in Stillarbeit seine auf das Thema bezogenen Ideen in Schlagworten oder kurzen Sätzen auf (Stoffsammlung: ca. 15 Minuten). Möglichst konkrete, handlungsnahe Beiträge formulieren!

2. Nacheinander nennt jeder Teilnehmer in mehreren Abfragerunden jeweils eine Idee, solange, bis alle Beiträge genannt sind. Die Beiträge werden für alle deutlich sichtbar festgehalten. Doppelnennungen können von den Beteiligten selbst übergangen, neue Ideen während des Abfrageprozesses notiert werden. Solange noch an der Vervollständigung der Liste gearbeitet wird, sind Diskussionen oder Kommentare in der Gruppe nicht zugelassen.

3. Die Teilnehmer erklären die Bedeutung ihrer Beiträge und versuchen, die Übereinstimmung mit oder Abweichung von anderen Beiträgen zu präzisieren. Gegebenenfalls werden Beiträge zusammengefasst oder Unterschiede präziser formuliert. Es erfolgt keine inhaltliche Diskussion!

4. Die Teilnehmer werden jetzt gebeten, nach persönlicher Einschätzung aus der überarbeiteten Liste die Beiträge auszuwählen, die sie für bedeutsam für die weitere Arbeit halten. Dazu werden sie offen oder verdeckt nach einem vorher vereinbarten Punkteschema gewichtet (Punktezahl abhängig von der Gruppengröße, der Anzahl der Beiträge, der erwünschten Streubreite der Lösung u. a.; Faustregel: drei bis fünf Punkte pro Teilnehmer, maximal zwei Punkte zum Kumulieren, d. h. doppelt vergeben).

5. Die bewerteten Beiträge werden in eine Rangreihe gebracht. Das Ergebnis wird diskutiert. Die am höchsten gewichteten Beiträge werden inhaltlich geklärt, präzisiert. An ihnen wird weiter gearbeitet.

6. In einer weiteren Abstimmung kann eine erneute Einschätzung der übrig gebliebenen Beiträge vorgenommen werden. Dies ist vor allem bei einer zu umfangreichen Prioritätenliste angezeigt. Auch dieser abschließende Teil der Maßnahme sichert durch die Anonymität eine vom Gruppenzwang nicht beeinflusste Entscheidung.

 36

Kopfstandtechnik

Methode zur kreativen und amüsanten Auseinandersetzung mit einer komplexen Fragestellung durch Perspektivenwechsel – basierend auf dem Brainstorming.

Bei sehr komplexen Fragestellungen fällt es schwer, zu befriedigenden Ideen oder Lösungen zu kommen – insbesondere wenn es um die positive Definition eines Sachverhaltes geht, z. B.: „Wie können wir das Sozialverhalten der Schülerinnen und Schüler verbessern?"

Da hilft es bisweilen, die Blickrichtung umzukehren und nach dem Gegenteil zu fragen, z. B.: „Womit könnten wir Gewalt, aggressives Verhalten, Rücksichtslosigkeit, Bullying … bei den Schülerinnen und Schülern verstärken?"

Die ursprüngliche Frage wird gleichsam „auf den Kopf" gestellt. Die Methode ist nicht einfach zu moderieren. Sie braucht Zeit, ist anstrengend, macht aber Spaß und führt zu fundierten Ergebnissen.

Vorgehen

1. Es werden Antworten zu der umgekehrten Fragestellung wie bei den Brainstorming-Verfahren gesammelt und in bewährter Weise verarbeitet und sortiert. Gleichzeitig kann die Perspektive auf verschiedene Felder ausgeweitet werden, z. B. mit Blick auf Unterricht, Leistungsmessung, Pausen, Eltern usw.

2. Dann erfolgt eine Umformulierung der Antworten ins Positive. Dies sollte jedoch nicht durch einfache Verneinung erreicht werden, sondern durch Formulierung einer positiven, möglichst operationalisierten Aussage. Beispiel: aus „Probleme nicht miteinander klären" wird vielleicht: „Wir organisieren Gelegenheiten, wo die Schüler aktuelle Probleme bereden können." Eine schlichte Umformulierung z. B. in „Wir klären Probleme miteinander" wäre ein Verstoß gegen alle Kriterien der handlungsorientierten Zielformulierung und würde nicht weiterführen. Nicht selten werden mit einer Positivformulierung mehrere negative Items abgedeckt.

3. Schließlich werden die Ergebnisse wie bei anderen Methoden bis zu einem Handlungskonzept weiterverarbeitet.

Wie könnte es schlimmer werden?	Positiv gewendet heißt das:
Probleme nicht miteinander klären	Wir organisieren Gelegenheiten, wo wir aktuelle Probleme bereden können.

Stummes Schreibgespräch

 37

Methode zur Sammlung von Meinungen und zur schriftlichen Diskussion von Ideen in einer Gruppe. Ziel ist, das Meinungsspektrum einer Gruppe ohne verfrühte mündliche Auseinandersetzung sichtbar zu machen. Das Verfahren ähnelt der Kartenabfrage, hat jedoch den Vorteil der Interaktion und der unmittelbaren Reaktionsmöglichkeit auf Beiträge aus der Gruppe.

Material: Große Papierrolle (Packpapier, Tapete, Zeitungspapierrolle, zusammengeklebte Flipcharts o. ä.), großer Tisch oder zusammengestellte Tische, Filzschreiber für jeden

Gruppengröße: bis zu 20 Personen

Zeitbedarf: 20 bis 30 Minuten

Vorgehen

Es wird eine Frage oder Aussage formuliert und in die Mitte des Papiers geschrieben, z. B.: „Ich erlebe unsere Schule als …"

Die Teilnehmerinnen und Teilnehmer schreiben stumm – vielleicht mit meditativer Hintergrundmusik – ihre Antworten/Meinungen zu dieser Aussage/Frage usw. auf das Papier.

Die Beiträge der anderen können schriftlich kommentiert, verstärkt werden („ja, finde ich auch") oder man kann widersprechen („sehe ich anders, nämlich …"), ergänzen, modifizieren.

Nach dieser Phase des stillen Schreibens, wird es zu einem Gedankenaustausch über das Ergebnis kommen, z. B. über die Spannbreite der Äußerungen, Meinungstrends, die Polarisierung von Ansichten, Erwartungen, Konfrontationen usw. Das Ergebnis kann mit anderen Methoden weiterverarbeitet werden.

Sterndiagramm

38

Methode zum Vorsortieren einer komplexen Fragestellung, um die Erfahrungen, Bedürfnisse, Ziele einer Gruppe zu erfassen und eine genauere Analyse vorzubereiten.

Material: Wandzeitung – Filzstift bzw. Klebepunkte

Vorgehen
Die Fragestellung mit ihren Dimensionen wird festgelegt; sie werden als Stern dargestellt und berühren sich beim Punkt Null.

Beispiel

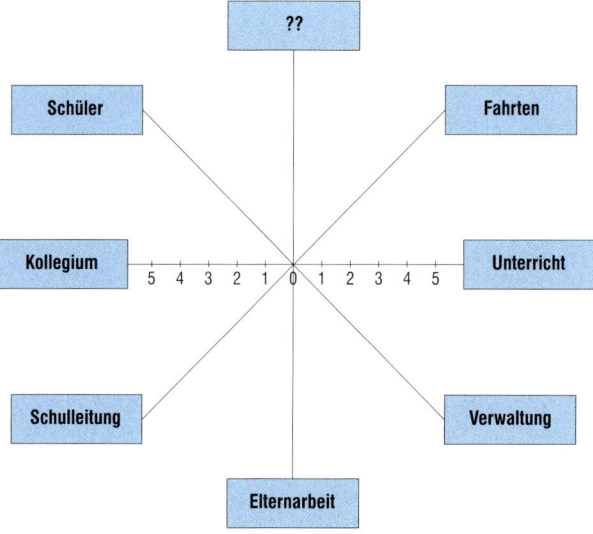

Abb. 1: Diagramm zur Frage: „Welcher Arbeitsbereich belastet mich an unserer Schule und wie stark?"

Jeder Gruppenteilnehmer markiert seine Position mit einem Punkt auf jeder Dimension (z. B. von 0 bis 5), entweder offen an einer Wandzeitung oder zunächst verdeckt auf einem eigenen Blatt. Die Einzelsterne werden dann anonym auf eine Wandzeitung übertragen. Punktehäufungen können optisch hervorgehoben werden.

Das Ergebnis wird das weitere Vorgehen mitbestimmen. Die unterschiedlichen individuellen Sterne können Anlass sein für fruchtbare Gespräche über die verschiedenen Sicht- und Erlebnisweisen oder Schulwirklichkeiten in einem Kollegium.

Kraftfeldanalyse (KFA) 39

Die sogenannte Kraftfeldanalyse ist eine Methode, die vom kreativen Denken zum Handeln führt. Diese Technik lässt sich in einer Vielfalt von Situationen einsetzen, in denen es um das Abwägen, das „Für und Wider" von Lösungen, Wegen, Regelungen usw. geht. Zu einer Fragestellung werden Faktoren, die dafür, und Faktoren, die dagegen sprechen, gegeneinander gestellt und verglichen. Der Vorteil der Kraftfeldanalyse liegt im systematisierten, formalisierten bzw. organisierten Ablauf.

Vorgehen

Am Beginn steht die Formulierung des Problems oder der Fragestellung, z. B.: „Was spricht für bzw. gegen die Einrichtung eines Gesundheitszirkels an unserer Schule?"

Die Ideen werden wie beim Brainstorming/-writing oder NGT gesammelt, dem Pro und Kontra zugeordnet, geklärt, gegebenenfalls zusammengefasst, aber nicht inhaltlich diskutiert.

pro	Bewertung	kontra	Bewertung

Durch Punktvergabe (wie NGT) oder eine andere Bewertung sollen diejenigen Faktoren identifiziert werden, die besonders wichtig scheinen oder die Erfolg versprechend/schnell/einfach angegangen werden können, entweder im Sinne der Beseitigung von Hindernissen oder zur Verstärkung von fördernden Faktoren.

Für jeden wichtigen Kontra-Faktor werden Maßnahmen gesucht, die seine Wirkung reduzieren oder eliminieren könnten. Das gleiche gilt für Schritte oder Maßnahmen, welche die Wirkung eines Pro-Faktors noch verstärken können. Auch hier wird abgewogen und gepunktet.

Schließlich wird für jede ausgewählte Maßnahme festgestellt, wie sie in ein umfassendes Handlungskonzept eingepasst werden kann (welche Personen, Materialien zu ihrer Durchführung verfügbar sind bzw. gebraucht werden: Wer-was-wann-mit wem-womit).

40 Mind-Mapping

Methode zur simultanen und anschaulichen Darstellung unterschiedlicher Aspekte und Zusammenhänge eines komplexen Problems oder Sachverhaltes. Mind-Mapping erlaubt es, eine „Gedankenlandschaft" zu erstellen, in der eine Vielzahl unterschiedlicher Ideen anschaulich Platz finden kann, und in der gleichzeitig Zusammenhänge erkennbar bleiben.

Ausgehend von einem zentralen Thema werden wichtige Strukturmerkmale definiert und als Äste (siehe Beispiel) dargestellt und mit weiteren Zweigen differenziert.

Beispiel

Abb. 2: Mind-Map zur Frage: „Was mir in meinem Beruf Freude macht"

Die nächste Gliederungsebene sind Zweige, mit denen konkrete Verhaltensweisen, Ereignisse, Merkmale usw. benannt werden können. Bei Bedarf lässt sich dies weiter untergliedern.

Für weitere Informationen zur Methode siehe auch Ulrich Lipp oder www.mind-jet.de

SOFT-Analyse

 41

Eine SOFT-Analyse (**S**atisfaction, **O**bjectives, **F**ailures, **T**hreats) erlaubt es, eine Fragestellung gleichzeitig unter verschiedenen Aspekten zu betrachten. Sie eignet sich sowohl für eine individuelle als auch für eine kollegiale Standortbestimmung oder die Analyse einer Institution.

Material: Wandzeitungen, Stifte, Karten

Vorgehen

Zu einer Fragestellung werden in der Regel vier Aspekte unterschieden:

Zufriedenheit; was läuft gut? (*Satisfaction*)	positive Erwartungen, Ziele, Potenziale (*Objectives*)
Probleme, Schwierigkeiten, Mängel (*Failures*)	Bedrohungen, negative Erwartungen (*Threats*)

Beispiel

Zufriedenheiten	Ziele und Erwartungen
▸ Was läuft gut oder befriedigend? ▸ Warum ist es gut oder befriedigend?	▸ Welche Chancen, Entwicklungsziele … liegen in welchen Bereichen? ▸ Was sind bekannte, aber noch nicht genutzte Chancen? ▸ Wo sollte nach Chancen und Möglichkeiten gesucht werden? ▸ Was kann ich/können wir unternehmen, um mehr positive Möglichkeiten zu finden? ▸ Wie sehe ich/sehen wir unsere Situation in fünf Jahren?
Probleme, Schwierigkeiten	**Befürchtungen, Gefahren**
▸ Wo liegen Fehler, Schwachstellen, Unzulänglichkeiten? ▸ Was führt zu Spannungen, Konflikten, Enttäuschungen? ▸ Was verhindert, dass ich/wir XY noch stärker realisieren?	▸ Welche bedrohlichen Entwicklungen kommen auf mich/uns zu (in welcher Form, woher, in welcher Zeit …)? ▸ Was passiert, wenn nichts passiert? (realistisch und als Katastrophenfantasie) ▸ Wie kann ich/können wir problemfreie Bereiche sichern?

Abb. 3: SOFT-Analyse zum Thema „Unsere Elternarbeit"

Die weitere Verarbeitung erfolgt mit anderen Verfahren, die hier vorgestellt wurden.

Literatur und Links

Altrichter, H./Heinrich, M./Soukup-Altrichter, K. (2011): Schulentwicklung durch Schulprofilierung? Zur Veränderung von Koordinationsmechanismen im Schulsystem. Wiesbaden.

Arbeitsschutzgesetz (1996): Gesetz über die Durchführung von Maßnahmen des Arbeitsschutzes zur Verbesserung der Sicherheit und des Gesundheitsschutzes der Beschäftigten bei der Arbeit vom 7. August 1996 (BGBl. I, S. 1246), zuletzt geändert durch Artikel 6c des Gesetzes vom 19. Dezember 1998 (BGBl. I, S. 3843). Verfügbar unter: http://bundesrecht.juris.de/arbschg/

BAUA (Bundesanstalt für Arbeitsschutz und Arbeitsmedizin) (2010): Toolbox zur Erfassung psychischer Belastungen. www.baua.de/toolbox

BBG (2010): Bundesbeamtengesetz in der Fassung vom 19. November 2010. Bundesgesetzblatt I, S. 1552. Verfügbar unter: www.gesetze-im-internet.de/bundesrecht/bbg_2009/gesamt.pdf

Brägger, G./Posse, N. (2010): Entwicklung guter gesunder Schulen. In: Paulus, P. (Hrsg.): Bildungsförderung durch Gesundheit. Bestandsaufnahme und Perspektiven für eine gute gesunde Schule. Weinheim. S. 171–196.

Brägger, G./Posse, N./Israel, G. (Red.) (2008): Bildung und Gesundheit. Argumente für eine gute und gesunde Schule. Mit CD für Praxisanwendung. OPUS (Hrsg.): Bildung und Gesundheit – Netzwerk Schweiz, Schule und Gesundheit. Bern.

Becker, P. (2003): Das Anforderungs-Ressourcen-Modell in der Gesundheitsförderung. In: Leitbegriffe der Gesundheitsförderung. Bundeszentrale für gesundheitliche Aufklärung (Hrsg.): Glossar zu Konzepten, Strategien und Methoden der Gesundheitsförderung.

Buckingham, M./Coffman, C. (2001): Erfolgreiche Führung gegen alle Regeln. Frankfurt a. M.

DAK (Hrsg.) (2006): Lehrergesundheit – Bausteine einer guten gesunden Schule. DAK-Schriftenreihe. Als Download verfügbar unter www.dak.de

DAK & Unfallkasse Nordrhein-Westfalen (Hrsg.) (2011): Handbuch Lehrergesundheit – Impulse für die Entwicklung guter gesunder Schulen. Köln.

DIN (2002): DIN 33430. Anforderungen an Verfahren und deren Einsatz bei berufsbezogenen Eignungsbeurteilungen. Berlin.

EN/ISO (2000): ISO 10075-1-3. Ergonomische Grundlagen bezüglich psychischer Arbeitsbelastung. Teil 1 „Allgemeines und Begriffe". Berlin.

Heyse, H. (Hrsg.) (2008): Lehrergesundheit – ein Führungsthema. SchulVerwaltung spezial, Heft 2. Neuwied (siehe auch SchulLink im Internet).

Heyse, H./Sieland, B. (2011): Schulentwicklung – Transfersicherung für nachhaltigen Wandel. In: DAK & Unfallkasse Nordrhein-Westfalen (Hrsg.) (2011): Handbuch Lehrergesundheit - Impulse für die Entwicklung guter gesunder Schulen. Köln.

Hillert, A./Koch, S./Lehr, D. u. a. (2011): „Arbeit und Gesundheit im Lehrerberuf (AGIL), Das Lehrergesundheits-Präventionsprogramm". Stuttgart.

Hindle, T. (1998): Reducing Stress. New York.

IEGL: Inventar zur Erfassung von Gesundheitsressourcen im Lehrerberuf. www.coping.at und www.ichundmeineschule.at

Kliche, T. (2010): Qualitätssicherung: Konzeptionen und Praxisstrategien. In: Paulus, P. (Hrsg.): Bildungsförderung durch Gesundheit. Bestandsaufnahme und Perspektiven für eine gute gesunde Schule. Weinheim. S. 145–169.

KMK: Aufgaben von Lehrerinnen und Lehrern heute – Fachleute für das Lernen. Beschluss der Kultusministerkonferenz vom 5. Oktober 2000. www.kmk.org/fileadmin/veroeffentlichungen_beschluesse/2000/2000_10_05-Aufgaben-Lehrer.pdf

Krause, A./Meder, L./Philipp, A./Schüpbach, H. (2010): Gesundheit, Arbeitssituation und Leistungsfähigkeit der Lehrkräfte. In: Paulus, P. (Hrsg.): Bildungsförderung durch Gesundheit. Bestandsaufnahme und Perspektiven für eine gute gesunde Schule. Weinheim. S. 57–85.

Kretschmann, R. (2008): Stressmanagement für Lehrerinnen und Lehrer. Ein Trainingsbuch mit Kopiervorlagen. Weinheim.

Kutting, D.(2009): Lehrer und Gesundheit. Göttingen.

Lipp, U. (2008): 100 Tipps für Training und Seminar. www.mind-jet.de

Neuberger, O. (1989): Organisationspsychologie am Beispiel der Organisationsentwicklung. Augsburger Beiträge zu Organisationspsychologie und Personalwesen. Heft 8.

Oesterreicher, R./Volpert, W. (Hrsg.) (1999): Psychologie gesundheitsgerechter Arbeitsbedingungen. Bern.

Paulus, P. (Hrsg.) (2010): Bildungsförderung durch Gesundheit. Bestandsaufnahme und Perspektiven für eine gute gesunde Schule. Weinheim.

Paulus, P./Michaelsen-Gärtner: Qualität schulischer Gesundheitsförderung: Referenzrahmen schulischer Gesundheitsförderung – Gesundheitsqualität im Kontext der Schulqualität. Handreichung mit Indikatorenlisten und Toolbox unter www.dnbgf.de – Forum Schule und Bildung – Aktuelles

Reiß, M. (1997): Change Management als Herausforderung. In: Reiß, M./Rosenstiel, L. von/Lanz, A. (Hrsg.): Change Management. Programme, Projekte und Prozesse. Stuttgart. S. 5–29.

Rolff, H.-G./Buhren, C .G./Lindau-Bank, D./Müller, S. (2000): Manual Schulentwicklung: Handlungskonzept zur pädagogischen Schulentwicklungsberatung. Weinheim.

Rosenbrock, R./Gerlinger, T. (2006): Gesundheitspolitik. Eine systematische Einführung. Bern.

Rothland, M. (Hrsg.) (2007): Belastung und Beanspruchung im Lehrerberuf. Modelle – Befunde – Interventionen. Wiesbaden.

Schaarschmidt, U./Fischer, A. W. (2001): Bewältigungsmuster im Beruf. www.coping.at

Schaarschmidt, U. (2005): Halbtagsjobber? Weinheim.

Schaarschmidt, U./Kieschke, U. (2007): Gerüstet für den Schulalltag. Psychologische Unterstützungsangebote für Lehrerinnen und Lehrer. Weinheim.

Schumacher, L. (2010): Schule als Organisation. Besonderheiten, Gestaltungsmöglichkeiten und Überlegungen zu einer guten gesunden Schule. In: Paulus, P. (Hrsg.): Bildungsförderung durch Gesundheit. Bestandsaufnahme und Perspektiven für eine gute gesunde Schule. Weinheim.

Seiwert, L: www.seiwert.de

Selye, H. (1956): The Stress of life. New York.

Sieland, B. (2000): Hast Du heute schon gelebt? Impulse zur Selbstentwicklung. Edition Erlebnispädagogik. Lüneburg.

Sieland, B./Heyse, H. (2010a): Verhalten ändern – im Team geht's besser. Handbuch und Arbeitsbuch. Göttingen.

Sieland, B./Heyse, H. (2010b): Gesundheit der Lehrkräfte für die Qualität professionellen Handelns. In: Paulus, P. (Hrsg.): Bildungsförderung durch Gesundheit. Bestandsaufnahme und Perspektiven für eine gute gesunde Schule. Weinheim. S. 197–225.

Sieland, B./Heyse, H. (2011): Schulentwicklung – vom Änderungsbedarf zum Handlungsplan. In: DAK & Unfallkasse Nordrhein-Westfalen (Hrsg.) (2011): Handbuch Lehrergesundheit - Impulse für die Entwicklung guter gesunder Schulen. Köln.

Sieland, B./Pfeiffer, S./Weber, S. (2008): Nachhaltige Gesundheitsförderung – als Entwicklungsarbeit von Lehrerinnen und Lehrern (mit CD). In: Brägger, G./Posse, N./Israel, G. (Red.) (2008): Bildung und Gesundheit. Bern.

TKK: www.tk-online.de - Suche: Stresstest zeittagebuch: www.zeittagebuch.de

Impulstexte

S. 13: Seneca der Jüngere: De tranquilliate animi. Aus: Rädler, F. (2000): Stress im Mittelalter und in der frühen Neuzeit. Weihnachtsausgabe.

S. 21: Bundesbeamtengesetz. § 79 und § 54.

S. 25: Ringelnatz, J. (1994): Morgenwonne. Aus: Das Gesamtwerk in sieben Bänden. Band 2. Diogenes Verlag, Zürich.

S. 31: Brecht, B. (1993): Vergnügungen. Aus: Bertolt Brecht. Werke. Große kommentierte Berliner und Frankfurter Ausgabe. Band 15: Gedichte 5. © Suhrkamp Verlag, Frankfurt a. M.

S. 32: Schaarschmidt, U./Fischer, A. W. (2001): Bewältigungsmuster im Beruf. Vandenhoeck & Ruprecht, Göttingen.

S. 36: Knigge, A. (1874): Umgang mit Menschen. Berlin. S. 222 f.

S. 40: Matthias, A. (1908): Praktische Pädagogik für höhere Lehranstalten. München. S. 13.

S. 78: Michael Ende (1978): Momo. © by Thienemann Verlag, Stuttgart/Wien. www.thienemann.verlag

S. 81: Fried, E. (1985): Die Warner. Aus: Um Klarheit. © Verlag Klaus Wagenbach. Berlin.

S. 92: Storch, M. (2007): Mein ist Gewicht. S. 20–21. Aus: Kaiser, H. J. (1994): Selbstreflektierendes Denken als Element klugen Handelns. Ein Beitrag zur Frage der „Weisheit" des Alters. Report Psychologie, 19 (10), S. 24–28.

S. 107: http://geschaut.com

S. 119: Brecht, B. (1993): Der Zweifler. Aus: Bertolt Brecht, Werke. Große kommentierte Berliner und Frankfurter Ausgabe. Band 14: Gedichte 4. © Suhrkamp Verlag, Frankfurt a. M.

Foto und Cartoon
Cover: © FotoMark – Fotolia.com
S. 95: © Erik Liebermann

⬦	**Download-Material**
1	Meine Energiebilanz
2	Fragen zu Ihren Energieräubern
3	Fragen zu Ihren Energiequellen
4	Arbeitsbezogenes Verhaltens- und Erlebensmuster (AVEM)
5	Meine Arbeitszufriedenheit
6	Zwölf Aspekte von Arbeitszufriedenheit
7	Berufliche Risikofaktoren für Motivationsverlust und Unzufriedenheit
8	Schutzfaktoren gegen Motivationsverlust und Unzufriedenheit
9	Mein persönlicher Ärger
10	Komponenten der psychischen Gesundheit
11	Langfristige gesundheitsdienliche Stress- und Belastungsverarbeitung
12	Pflegen Sie etwa Ihren Stress?
13	Stress auslösende „Immer-wenn-dann-Zusammenhänge"
14	Hilfreiche „Filterkompetenzen" zur Stressvermeidung
15	Meine Stressbewältigung verändern
16	Wofür verwende ich eigentlich meine Zeit?
17	Zeittagebuch: Wunsch und Wirklichkeit
18	Meine Zeitvernichter
19	Mein Zeithaushalt
20	Zusammenfassung Ihrer persönlichen Analyse-Ergebnisse
21	Analyse des Verhaltens, das Sie ändern möchten
22	Ziele und Zielhandlungen
23	Veränderungscheck
24	Veränderungsmotto
25	Mein Veränderungsprotokoll
26	Potenzielle Belastungsfaktoren an unserer Schule – welche könnten wir reduzieren?
27	Schulinterne Gesundheitsförderung – Ressourcen und Maßnahmen
28	Die Schlüsselrolle von Schulleitungen
29	Metaphern zur Beschreibung von Organisationen
30	Zusammenfassung Ihrer schulischen Analyse-Ergebnisse
31	Matrix zur Lehrergesundheit an Ihrer Schule
32	Brainstorming
33	Brainwriting/Kartenabfrage
34	Szenario-Technik
35	Nominalgruppentechnik (NGT)
36	Kopfstandtechnik
37	Stummes Schreibgespräch
38	Sterndiagramm
39	Kraftfeldanalyse (KFA)
40	Mind-Mapping
41	SOFT-Analyse

Unter **www.friedrich-verlag.de** finden Sie Materialien zum Buch als Download.
Bitte geben Sie den Download-Code in das Suchfeld ein.

DOWNLOAD-CODE: **d11092hh**

Hinweis:

Download-Material (PDF-Dateien)

Das Download-Material enthält Arbeitsblätter und Checklisten, die Sie bei der Bearbeitung des Themas
„Lehrergesundheit" unterstützen und/oder Ihnen vertiefende Hintergrundinformationen liefern.
Als Käufer des Buches (ISBN 978-3-7800-1092-6) sind Sie zum Download dieser Datei berechtigt.
Weder die gesamte Datei noch einzelne Teile daraus dürfen ohne Einwilligung des Verlages an
Dritte weitergegeben oder in ein Netzwerk gestellt werden. Dies gilt auch für Intranets von Schulen
und sonstigen Bildungseinrichtungen.

Der Verlag behält sich vor, gegen urheberrechtliche Verstöße vorzugehen.

**Haben Sie Fragen zum Download? Dann wenden Sie sich bitte an den Leserservice der
Friedrich Verlag GmbH.
Schreiben Sie uns oder rufen Sie uns an!**

Sie erreichen unseren Leserservice
Montag bis Donnerstag von 8 – 18 Uhr
Freitag von 8 – 14 Uhr
Tel.: 05 11/4 00 04-150
Fax: 05 11/4 00 04-170
E-Mail: *leserservice@friedrich-verlag.de*

Wir freuen uns über Ihre Rückmeldungen und helfen Ihnen gerne weiter!